低碳经济范式：
能源、环境与可持续发展路径

Low-carbon Economic Paradigm:
Energy, Environment and Sustainable Development Path

郑重　著

中山大学出版社
SUN YAT-SEN UNIVERSITY PRESS
·广州·

版权所有　翻印必究

图书在版编目（CIP）数据

低碳经济范式：能源、环境与可持续发展路径/郑重著 . —广州：中山大学出版社，2023.9

ISBN 978 - 7 - 306 - 07848 - 3

Ⅰ . ①低… Ⅱ . ①郑… Ⅲ . ①中国经济—低碳经济—经济发展—研究 Ⅳ . ①F124.5

中国国家版本馆 CIP 数据核字（2023）第 124269 号

出 版 人：王天琪
策划编辑：廖丽玲　梁嘉璐
责任编辑：梁嘉璐
封面设计：曾　斌
责任校对：郑雪漫
责任技编：靳晓虹
出版发行：中山大学出版社
电　　话：编辑部 020 - 84110283，84113349，84111997，84110779，84110776
　　　　　发行部 020 - 84111998，84111981，84111160
地　　址：广州市新港西路 135 号
邮　　编：510275　传　　真：020 - 84036565
网　　址：http：//www. zsup. com. cn　　E-mail：zdcbs@ mail. sysu. edu. cn
印 刷 者：广东虎彩云印刷有限公司
规　　格：787mm×1092mm　1/16　12 印张　256 千字
版次印次：2023 年 9 月第 1 版　2024 年 10 月第 2 次印刷
定　　价：58.00 元

如发现本书因印装质量影响阅读，请与出版社发行部联系调换。

内 容 简 介

　　本书从世界能源、环境与可持续发展和新经济地理学的视角，研究各国为何大力倡导发展低碳经济、推进技术开发与应用。比较清晰地阐明了在世界范围内如何广泛采取环境公共政策、金融工具，以及走何种产业技术创新的路径，以全面应对全球气候变化下的各种灾害和风险，并将其创新为实现低碳经济可持续发展的范式。积极探索我国在工业化、城市化道路建设的历史进程和宏伟变革中如何通过资源有效利用与产业发展的有机融合与创新，实现面向低碳经济的产业转型升级，从而实现我国区域经济的可持续发展。

　　本书的出版，旨在结合新经济地理学、低碳经济学、资源环境经济学及科学学与科学管理技术等，探索展开区域与城市可持续发展交叉领域内部（学科集群）的综合性应用研究。

　　全书分为五篇，共十三章。分别为：导论篇、科学理论与实践基础篇（第一章至第三章）、发展与探索篇（第四章至第七章）、市场环境与评价篇（第八章至第十章）、规划与展望篇（第十一章至第十三章）。

　　本书可作为专业人员研究参考用书，也可作为低碳经济、环境经济等专业课程的教材和阅读资料，还可作为对低碳经济、环境经济和可持续发展问题感兴趣的社会人士的学习读物。

序

我国走低碳经济可持续发展道路与党的十八大提出的"大力推进生态文明建设"是同向而行的；与目前我国展开节约资源工作、提高能源效率、调整产业结构、转变经济增长方式、努力实现中国式现代化是一致的。低碳经济的实质是解决能源利用效率和清洁能源结构问题，其核心是能源技术创新和制度创新。各国为促进企业减少温室气体排放制定并实施了一系列激励发展低碳经济的政策措施：从节能减排所开展的国际项目合作机制到"碳金融""碳贸易"机制，各国政府积极采取温室气体减排行动方案和新能源产业与金融政策。

2020 年 9 月 22 日，在第七十五届联合国大会一般性辩论上，国家主席习近平指出："中国将提高国家自主贡献力度，采取更加有力的政策和措施，二氧化碳排放力争于 2030 年前达到峰值，努力争取 2060 年前实现碳中和。"2021 年国务院政府工作报告提出："扎实做好碳达峰、碳中和各项工作。制定 2030 年前碳排放达峰行动方案。"在哥本哈根世界气候大会上，我国郑重承诺，到 2020 年单位国内生产总值二氧化碳排放比 2005 年下降 40%～45%，这是我国统筹国内可持续发展和应对全球气候变化的战略抉择。因此，我国目前要通过技术创新，使单位国内生产总值二氧化碳排放持续下降，不断提高碳排放的产出效益，这也是我国统筹可持续发展和控制碳排放的根本途径。

从可持续发展的格局来看，着力构建符合一国资源禀赋优势的低碳经济范式，将是各国家或地区抢占未来经济发展"制高点"的关键。低碳经济发展范式不仅是创造更高的生活标准和更好的生活质量的途径和发展机会，也是应用和输出先进技术创造的机会，还能创造新的商机和更多的就业机会。为实现现代化发展目标，我国要努力建设以低碳排放为特征的产业体系和消费方式。

前　　言

全球气候变化是人类对资源开发利用所引起的生态环境变化带来的结果，尤其是在发达国家经历近 300 年工业化以后，人类的资源环境出现了划时代的变迁。因此，自 20 世纪 90 年代初以来，可持续发展逐渐成为大多数国家的主要共识与行动纲领，低碳经济的发展道路成为世界各国必然的选择。

改革开放 40 多年来，我国开始反思过去的工业化、城市化的发展进程，并在党的十八大报告中提出，面对资源约束趋紧、环境污染严重、生态系统退化的严峻形势，必须树立尊重自然、顺应自然、保护自然的生态文明理念，把生态文明建设放在突出地位，融入经济建设、政治建设、文化建设、社会建设各方面和全过程，努力建设美丽中国，实现中华民族永续发展。

长远来看，我国生态文明建设的目标是建立可持续的、绿色的、低碳的和环保的新型工业体系，促进经济、社会、环境的和谐发展。未来发展包括以下五个重要方面：一是推动环保产业的发展。环保产业指能够减少大气污染、水污染及海洋污染等的各种新型产业，如太阳能、风能、水能等可再生能源的开发利用。二是实现城乡一体化发展。充分考虑到生态环境的改善，使城市和农村实现优势互补，进一步优化环境质量和资源配置，减少环境问题对城乡发展的制约。三是加强科技与产业创新体系。如在新型环保材料研发、现代生态农业、新能源发电和节能环保技术等各方面的产业中，加强科技创新，提高能源效率，从而有效地推进生态文明建设。四是制定科学的环境保护政策。运用科学的环境保护政策/工具、绿色金融产品/工具，可对环境问题进行有效治理，保障生态环境的改善，也可为经济、社会的可持续发展提供保障。五是加强绿色环保意识的普及。提高民众的环保意识，积极地倡导绿色环保，以及可持续的生产和生活方式。只有全面普及和坚持生态文明的理念，才能真正建立生态文明建设的发展范式，即"人与自然和谐相处"。

　　人类社会的可持续发展只能建立在人类社会共识的基础上。人类在追求新的、可持续的经济社会发展模式时，应选择一种确定的范式，即人类必须逐渐理性地理解和深入贯彻生态文明这一理念。

目　录

导　论　篇

科学理论与实践基础篇

发展与探索篇

导　论　篇

研 究 概 况

发展范式以科学理论为基础描述某一社会发展阶段。由于发展范式研究强调现实性、系统性和前沿性，因此可以将其理解为人类为揭示某一领域发展路径而提出的方法论。追本溯源，范式这个概念的提出体现托马斯·库恩科学哲学观的中心思想。他试图以范式来概括和描述多个领域的现实科学，并且从不同方面、不同层次和不同角度对某一领域的事物展开研究。关于范式，托马斯·库恩在《科学革命的结构》的序言中说："我所谓的范式通常是指那些公认的科学成就。"他又明确地表述："科学共同体取得一个范式，就是有了一个选择问题的标准。"① 托马斯·库恩对范式的认识表明：范式是一个学术共同体所有共有的东西；范式是这个共同体成员间的专业交流能够进行和专业判断达成一致的前提和基础；范式即学科基质，主要包括这个学科共同体共同拥有的公式、模型、价值和范例；范式是公认的科学成就，它包括定律、理论、应用；它的作用是指出和规定科学研究的内容和科学家的任务。本书从科学理论与实践基础的视角出发，对具有共同范式的某些领域的问题进行科学研究，最终探讨、总结有益的解决方案。

低碳经济范式的研究有别于自然科学和社会科学的研究，又同时依赖自然科学和社会科学的融合；从管理实践上而言，低碳经济范式体现了以人为本、可持续发展的根本理念。选择走新型工业化、城镇化的低碳经济道路，已成为我国产业升级、低碳转型和未来发展的必然趋势。因此，我们强调的是由一般理论性科学问题研究转向应用性科学问题研究。低碳经济是以低能耗、低污染、低排放为基础的发展方式，是人类社会继农业文明、工业文明之后的又一次重大革命。"劳动和自然界在一起才是一切财富的源泉，自然界为劳动提供材料，劳动把材料变为财富"②。综而述之，低碳经济范式的实质是解决能源利用效率、清洁能源结构问题，核心是能源技术创新、制度创新和人类生存发展观念的根本性转变，同时也是人类对世界经济发展的深刻反思，是一场涉及生产模式、生活方式、价值观念、国家权益的全球性能源经济革命。

世界各国要实现经济社会可持续发展的目标，都需要由以碳基能源为基础，向以低碳或无碳能源为基础转变；能源消费结构由化石高碳的黑色结构，向低碳化洁净能源绿色结构转变。

有关统计表明，在发达国家，1/3 来自建筑物排放，1/3 来自交通运输排放，

① 托马斯·库恩：《科学革命的结构》，金吾伦、胡新和译，北京大学出版社，2003。
② 中共中央马克思恩格斯列宁斯大林著作编译局：《马克思恩格斯文集：第 9 卷》，人民出版社，2009。

1/3 来自工业排放。由此可见，首先，如果我们效仿欧洲的建筑节能，将有很大的减排潜力。其次，提升交通运输领域能效，如采用效率高、排放量小且大容量的高速铁路运输，能源效率将有较大提升。最后，我国目前仍处在工业化、城市化阶段，提高能源效率是减少碳排放最为有效的方式。中国可再生能源、核能发展迅速，比重持续增加，但相当长时期内仍不能满足新增能源需求，煤炭等化石能源消耗仍会继续增长。我国实现碳达峰、碳中和目标的首要任务是构建"1 + N"政策体系。

第一节　研究述评

低碳经济研究首先是进行国内外对比，以进一步阐释低碳经济社会发展机制、机理；然后结合科学理论与各国的行动，阐明低碳发展的目标取向是资源有效利用与产业发展。通过对绿色能源、生态产业、低碳城市交通、低碳建筑与低碳转型等领域进行研究来揭示我国低碳经济发展动因的演进。从区域产业梯度分工、联动发展机制出发，探讨我国促进区域经济、产业发展的创新思考。

一、国内外低碳经济发展研究

(一) 国外低碳经济相关研究

国外关于低碳经济的研究，主要集中在发达国家历史上二氧化碳排放量与经济增长之间的关系，或二氧化碳的排放量与人均收入之间的关系（Sehmalesee，Galeotti，1999）上。由此证实人均收入和二氧化碳排放量存在倒"U"形曲线。Grubb 等（2004）通过对早期英国的研究，发现在工业化初期，随着人均收入的增加，人均二氧化碳排放量升高，但是经过这一阶段之后，二者之间的关联性就显得较弱。Treffera 等（2005）对德国的温室气体（greenhouse gas，GHG）排放量的减少进行了探讨，他们认为政府采用一定的措施可以实现 GHG 排放量的减少与经济的较快发展。诺德豪斯提出了碳减排边际成本的函数，给出了边际碳减排成本与相应的减排效率的关系：$MC(R) = \alpha + \beta \ln(1 - R)$，其中，$MC(R)$ 是边际成本，R 是减排效率，α 和 β 是参数。霍尔茨·埃金（Holtz Eakin）和赛尔登（Seldem）利用全球面板数据研究了经济增长与二氧化碳排放量之间的关系，研究结果表明，二氧化碳的边际排放随经济增长而呈现递减趋势。

低碳经济相关问题是目前全世界经济学前沿研究关注的重点和热点，2018 年诺贝尔经济学奖颁发给了气候变化经济学家诺德豪斯更是直接体现了这一点。Wara（2007）认为，清洁发展机制（clean development mechanism，CDM）不仅可以被看作全球性的碳贸易市场机制，而且能被看作一种政府补贴和政治机制。因为这个机制是在发达国家和发展中国家之间展开的，所以它在实现政治目标方面是最有效的。

美国在相关法案中提出，至 2017 年，将传统汽油的使用量减少 20%，并使可再生生物燃料达到美国交通用燃料总消耗量的 5%。英国政府 2003 年发布的能源白皮书《我们未来的能源——创建低碳经济》和尼古拉斯·斯特恩的研究《斯特恩报告》均从经济学角度对气候变化进行了全新的审视，评估了在气候变化背景下向低碳经济转变及采取不同适应办法的可能性，分析了气候变化对英国等国家经济的影响。

（二）国内低碳经济相关研究

低碳经济系列问题也一直为中国经济学者所关注。特别是近年来气候变化问题日益成为全球热点问题，中国经济学者就低碳经济相关问题开展了丰富而深入的研究。这些研究立足中国现实，旨在服务中国经济社会发展的伟大实践，注重理论严谨性与政策启示性的有机融合。低碳经济定是以低耗能、低排放、低污染为基础的经济模式。[①] 何建坤（2009）指出，低碳经济的本质是提高碳生产力——每排放单位二氧化碳，要生产出更多的 GDP，也就是降低碳排放强度。创建低碳经济，将低碳经济定义为一种既考虑发展又考虑可持续的经济增长方式。[②]

目前，国际制造业的去物质化（demateriliztion）节省矿物的使用已有显著成果（赵鹏大，2001）。有学者研究后指出，表面上看，低碳经济是为减少温室气体排放所做努力的结果，但实质上，低碳经济是经济发展方式、能源消费方式、人类生活方式的一次新的变革，它将全方位地改造建立在化石燃料（能源）基础之上的现代工业文明范式，使其转向生态经济和生态文明。国内学者认为，低碳经济是一种绿色经济发展模式，它是以低能耗、低污染、低排放和高效能、高效率、高效益（"三低三高"）为基础，以低碳发展为发展方向，以节能减排为发展方式，以碳中和技术为发展方法的绿色经济发展模式。碳排放量成为衡量人类经济发展方式的新标识，"碳减排"的国际履约协议孕育了世界低碳经济发展。

二、全球气候变暖问题研究

就全球而言，如果人类不能制定和采取及时、有效的应对策略，那么全球气候变暖将对人类社会可持续发展带来巨大冲击。

1. 政府间气候变化专门委员会第四次评估报告

根据政府间气候变化专门委员会（Intergovermental Panel on Climate Change，IPCC）第四次评估报告，全球大气中二氧化碳的浓度已从工业化前的 2.8×10^{-4} 增加到 2005 年的 3.79×10^{-4}，导致全球气温在过去 100 年里约增加了 0.74 ℃，导致海平面上升、山地冰雪融化、降水量分布和频率及强度发生显著变化，极端天气现象不断增加，并对全球自然生态系统和全球人类社会可持续发展构成了严重威胁。

---

① 张坤明：《可持续发展论》，中国环境科学出版社，1997。
② 潘家华、庄贵阳、朱守先：《低碳城市：经济学方法、应用与案例研究》，社会科学文献出版社，2012。

世界人均累计 CO_2 排放量（1850—2005 年）趋势如图 0 - 1 所示。

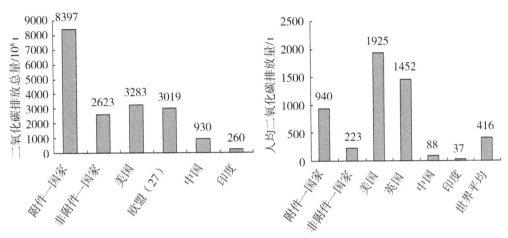

注：前两项指《联合国气候变化框架公约》附件一、非附件一国家。

图 0 - 1　世界人均累计 CO_2 排放趋势

资料来源：IPCC 第四次评估报告数据。

2. 全球变暖

大气能使太阳短波辐射到达地面，但地表向外发出的长波辐射线被大气吸收，使地表与低层大气温度升高，且人类为了生产、生活使用传统能源而产生的二氧化碳远远超过了工业化前的水平。人类对森林乱砍滥伐，大量农田被占用建成工厂和城市，破坏了植被，破坏了将二氧化碳转化为有机物的条件；地表水域逐渐缩小，降水量大大降低，破坏了吸收溶解二氧化碳的条件。这些都破坏了二氧化碳生成与转化的动态平衡，使大气中的二氧化碳含量逐年增加。

3. 相关研究结论

国家的现代化过程需要一定数量的碳排放空间，这是经济发展的规律。1750—1950 年发达国家排放的二氧化碳占世界总排放量的 95%；1950—2002 年，发达国家排放的二氧化碳占世界总量的 77%。发展中国家历史排放量少，人均排放量低。

按能源分类进行碳足迹因素分解，基本公式为

$$CFP = \sum_i C_i = \sum_i \frac{E_i}{E} \times \frac{C_i}{E_i} \times \frac{E}{Y} \times \frac{Y}{P} \times P \qquad (0.1)$$

其中，C 为碳排放量，C_i 为第 i 种能源的碳排放量，E 为一次能源的消费量，E_i 为第 i 种能源的消费量，Y 为 GDP，P 为人口。从式（0.1）可以分析 4 个影响碳排放量的因素：能源结构因素 $S_i = E_i/E$，即第 i 种能源在一次能源消费中的份额；各类能源排放强度 $F_i = C_i/E_i$，即消费单位第 i 种能源的碳排放量；能源效率因素 $I = E/Y$，即单位 GDP 的能源消耗；经济发展因素 $R = Y/P$。

根据清华大学气候变化与可持续发展研究院 2020 年的预测，在实现碳中和时非

化石能源电力约占总电量的 90%（或以上）。就是说，如果要控制碳排放，那么有关城市系统需要针对能源结构、各类能源排放强度、能源效率、经济发展和城市空间来规划管理。事实上，二氧化碳有 3 个重要的碳源：①火电排放，占二氧化碳排放总量的 41%；②汽车尾气排放，占比为 25%，增长最快，特别是在我国汽车销量开始超越美国的情况下，这个问题越来越严重；③建筑排放，占比为 27%，随着房屋数量的增加而持续稳定地增长。

按行业分类进行碳足迹因素分解，基本公式为

$$CFP = \sum_i C_i = \sum_i \frac{C_i}{Y_i} \times \frac{Y_i}{Y} \times Y \tag{0.2}$$

其中，CFP 为碳足迹，Y_i 为第 i 类行业的 GDP，Y 为 GDP。

作为世界最大的发展中国家，中国发展低碳经济的机遇与挑战并存。一方面，探索低碳发展之路不仅符合世界能源"低碳化"的发展趋势，也与我国转变增长方式、调整产业结构、落实节能减排目标和实现可持续发展目标具有一致性；另一方面，中国如果不能尽快实现包括低碳化在内的发展方式的转型，将会在可持续发展战略上面临更多问题和风险。

地球已有 46 亿年的历史。由于空气中二氧化碳含量的增长，地球气温发生了改变。有专家认为，一些发达国家在相当长时期内的高人均排放已经过度占用全球碳排放空间，发展中国家不可能沿袭发达国家的以高能源消费为支撑的现代化发展模式，必须探索低碳发展之路。当然，也有少数乐观派科学家声称，世界人类活动所排放的二氧化碳，远不及火山等地质活动释放的二氧化碳多。

世界银行于 1995 年向全球公布了新的衡量可持续发展的指标体系，并宣称"这一新体系在确定国家发展战略时，不是用收入（income），而是用财富（wealth）作为标准。它对传统思维提出了挑战，同时也使财富的概念超出了货币与投资的范畴。它有史以来第一次以三维的立体形式，而不是过去常用的局限的与单因子的形式，来展示世界上各个国家或地区的真实财富。"

第二节　理论基础及研究创新

发展低碳经济、循环经济、生态经济与绿色经济都有一个共同的内涵表达，即可持续发展；都倡导建立资源节约与高效利用体系，提倡保护生态环境，促进经济发展、生态保护与社会进步的统一。它们都是从结构和机制入手，以新思维、新办法解决日渐明显的全球性资源环境劣化和气候变化问题的新举措，针对的均是相对传统的落后经济发展模式。低碳经济发展的终极目标是实现人类社会的可持续发展。可持续发展要促进人类之间及人类与自然之间的和谐，使子孙后代能够永续发展和安居乐业，从而使整个社会走上生活富裕、生态良好的文明发展道路，实现人与自然的和谐共生共存。

一、低碳经济的理论基础

1. 低碳经济、循环经济、生态经济、绿色经济的内涵

（1）低碳经济原理体现了循环经济、生态经济、绿色经济的本质要求。

（2）循环经济侧重于整个社会的物质循环利用，强调的是循环和生态效率，即资源被多次重复利用，并注重生产、流通、消费全过程的资源节约，是绿色经济和低碳经济可持续发展的经济方式。

（3）生态经济学以生态学原理为基础，以经济学原理为主导：①以人类经济活动为中心；②运用系统工程方法，从最广泛的范围研究生态和经济的结合，从整体研究生态系统和生产力系统的相互影响、相互制约和相互作用，揭示自然和社会之间的本质联系和规律；③改变生产和消费方式，高效合理利用一切可用资源。

（4）绿色经济是以市场为导向，以经济与环境的和谐发展、资源能源的永续利用为目的而发展起来的一种新的经济形式，是产业经济为适应人类环保与可持续发展需要而产生并表现出来的一种发展状态。

低碳经济、循环经济、生态经济及绿色经济的理论联系见表0-1。

表0-1　低碳经济、循环经济、生态经济和绿色经济的理论联系

经济形态	本质内涵	理论基础	实现目标
低碳经济、循环经济、生态经济、绿色经济	强调环境友好、资源节约、生态平衡，主张人类与自然和谐共生	自然科学：生态学、资源环境学、能源系统科学；社会科学：经济学、管理学、可持续发展（伦理学）	全面实现人类社会经济可持续发展

2. 低碳经济、循环经济、生态经济与绿色经济的区别

（1）理论重点解决的主要问题、焦点不同。①低碳经济研究如何降低不可再生能源的使用，提高能源利用效率，优化能源利用结构，减少温室气体排放，促进经济持续发展；②循环经济侧重按照产业生态食物链的法则构建资源循环高效利用的体系，提高利用效率，减少废弃物排放；③生态经济主要解决大规模工业化发展所带来的环境污染问题，要求在保证经济高速发展的同时，积极按照生态发展规律去构建经济发展体系，发展环保性产业，减少环境污染，加强环境保护；④绿色经济是要求在经济社会发展的同时，保障人类社会发展的健康、公平、和谐，倡导绿色生产、绿色消费，实施绿色发展。

（2）理论价值取向不同。①低碳经济要求优化能源利用结构，多利用可再生能源，促进能源的高效利用；②循环经济则倡导建立资源高效循环利用体系，让资源在产业发展过程中不断循环利用，实现废弃物的低排放、零排放；③生态经济的价值取向是有效控制污染，倡导发展环境友好产业，实施清洁生产，建立环境与生态

重建保护体系；④绿色经济则是强调保护人类赖以生存的自然环境，实施绿色生产、绿色流通、绿色消费，让人类与自然实现共同发展。低碳经济、循环经济、生态经济及绿色经济理论的价值取向见表0-2。

表0-2 低碳经济、循环经济、生态经济和绿色经济的价值取向

经济形态	核心观点	提出背景	研究角度
低碳经济	低碳生产、消费和产品、技术及能源的开发与利用	20世纪90年代以来	二氧化碳排放
循环经济	物质循环利用	20世纪60年代环保运动	资源减量化、再循环、再利用
生态经济	经济和自然系统的协调发展	20世纪50—60年代	经济与生态系统的协调
绿色经济	发展经济、全面提高社会生活的福利水平	20世纪60年代	绿色生产、流通与分配

（3）理论基础的侧重点不同。①低碳经济侧重于将能源经济学应用于产业发展的能源利用结构调整，着重于优化能源利用结构；②循环经济侧重于利用生态经济学的理论、生态物质循环的基础理论（食物链理论）来指导建立闭合循环的产业生态食物链，构建资源在生产体系内部循环利用的闭合系统；③生态经济侧重于将生态学与经济学结合起来，以生态学的有关理论来指导构建经济发展体系，以期实现经济发展体系与生态发展体系的共振；④绿色经济侧重于将环境经济学、生态学、社会学的理论知识应用于经济发展，既促进经济发展，又保护人类生存环境。

3. 生态经济、绿色经济的产生

20世纪50年代，随着战后经济和科学技术的迅猛发展，西方工业发达国家面临严重的环境污染问题、能源危机和资源枯竭，这给社会发展造成了巨大的经济损失。目前的地球环境与原始地球环境有很大差别。事实上，人类社会的发展史就是人类与自然界不断相互作用的历史，也就是环境的结构和状态不断变化的历史。

在生态环境和经济发展的矛盾不断加剧的同时，人们逐渐认识到将生态学和经济学结合的重要性。①追溯到20世纪60年代，当时许多国家和地区经济实现高速发展，但资源环境问题日趋严重，受到了人们的普遍关注，环境保护的思潮和运动随之兴起；②西方工业国家改变传统的末端治理方式，开始探索高效、循环利用资源的发展模式。

绿色经济是人类为了应对资源危机，减少人类对资源环境的破坏而提出的经济类型。绿色经济思想萌芽于环境经济学家的观点——经济发展必须是自然环境和人

类自身可以承受的，不会因盲目追求生产增长而造成社会分裂和生态危机，不会因为自然资源耗竭而使经济无法持续发展，主张从社会及其生态条件出发，建立一种"可承受的经济"，即绿色经济。

二、世界能源、环境分类及其内涵解析

（一）能源资源、环境的分类

对于环境中的能源资源，过去人们较多注意的是物质性部分，如空气、水、动植物、矿产等，这些都是人类社会生存发展所必需的物质基础。显然，除物质性部分以外，环境资源还包括非物质性的部分，如环境容量、环境状态等。

环境一般分为社会环境和自然环境两种。社会环境是指人们的社会经济基础及其相应的政治、法律、宗教、哲学等的观点和制度，简言之，就是支配人和人之间的关系的思想观点和相应的制度，它是人们在物质资料生产过程中，共同进行生产而结合起来的生产关系的总和，属于社会科学的范畴。环境科学中的环境并不包括社会环境，而是指自然环境。

环境是复杂的系统，可有不同的分类。

（1）按照环境的功能分为生态环境和生活环境。①生态环境是指影响生态系统发展的各种生态因素，即环境条件，包括气候条件（如光、热、降水等）、土壤条件（如土壤的酸碱度、营养元素、水分等）、生物条件（如地面和土壤中的动植物和微生物等）、地理条件（如地势高低、地形起伏）和人为条件（如开垦、栽培、采伐等情况）等。可见生态环境包括天然的自然因素和经人工改造过的自然因素。②生活环境是指与人类生活密切相关的各种天然的和经人工改造过的自然因素，如房屋周围的空气、河流、水塘、花草、树木、城镇、乡村等。生活环境与生态环境之间的关系非常密切，它们共同组成了人类的环境。

（2）按照环境范围的大小分为居室环境、街区环境、城市环境、区域环境（如流域环境、行政区环境等）、全球环境等。

（3）按环境要素的不同可分为大气环境、水环境（包括海洋环境、湖泊环境）、土壤环境、生物环境（如森林环境、草原环境）、地质环境等。

（4）按环境要素的属性可分为自然环境和人工环境。①自然环境是指在环绕着人类的空间中对人类的生存和发展产生直接影响的一切自然物所构成的整体，即阳光、温度、地磁、空气、水、岩石、土壤、动植物、微生物等自然因素的总和。自然环境也称为天然环境，是在人类出现之前就已存在的，是人类目前赖以生存、生活和生产的自然条件和自然资源的总称。②人工环境亦称为人为环境，是人类为了提高物质文化生活水平，在自然环境的基础上进行加工改造而形成的环境，如城市环境、农村环境、工业环境等。

环境状态是一种资源，不同的环境状态为人类社会的生存发展提供不同的条件。

这里所说的不同，既有所处方位上的不同，也有范围大小上的不同。例如，同样是滨海地区，有的环境状况有利于发展港口码头，有的则有利于发展滩涂养殖；同样是内陆地区，有的环境状况有利于发展旅游，有的则有利于发展重工业。

（二）环境的价值内涵

环境不仅能为经济活动提供物质资源，还能满足人们对舒适性的要求。例如，清洁的空气和水既是工农业生产必需的要素，也是人们健康愉快生活的基本需求。

全世界有许多优美的自然与人文景观，如中国的湘西土家族苗族自治州、张家界自然风光，美国的黄石公园，埃及的金字塔，等等，每年吸引着成千上万的游客。这说明经济越增长，人们对于环境舒适性的需求越多。

环境是可持续发展的物质基础，是衡量国家财富资本的要素。国家财富包括4种资本：产品资本或人造资本、自然资本、人力资本或人力资源、社会资本。这4类资本综合地反映了人类社会实现可持续发展所必须具备的物质基础、市场需求、人的创造潜能，以及人与自然之间和人类社会内部的协调能力，无论在理论上或在实际应用上都比较全面合理，因而受到了广泛的重视。

环境即围绕某个中心事物的外部空间、条件及其状态。人们在一般意义上使用"环境"这一词汇时，往往是相对于中心事物而言的，即围绕某个中心事物的外部空间、条件及其状态构成某一中心事物的"环境"。我们在研究某一具体"环境"概念时，必须先弄清楚它的中心事物是什么，指的是哪一中心事物的"环境"，这样才能把握某一特指的"环境"。

第三节　研究定位与研究内容

碳排放总量分配，核心是以人为本，基础是满足所有人的基本需求。受制于有限的资源和环境承受能力，发展必须更关注自身活动对环境、资源和他人的影响，不能侵占同时代的其他人和后代人的生存发展空间，即坚持经济发展的可持续性。

据国际环保组织有关数据统计，中国已于2007年超越美国成为全球最大的碳排放国，于2013年人均碳排放首次超过欧盟（2013年人均排放二氧化碳7.2 t，超过欧盟的6.8 t）。中国政府已经制定控制温室气体排放的分解目标：一是通过改变能源结构，提高能源转换效率和使用效率，减少森林植被的破坏，控制水田和垃圾填埋场的甲烷排放；二是增加温室气体的吸收，采用固碳技术，分离、回收二氧化碳，注入深海或地下，也可以化学、物理、生物方法固定；三是为适应气候变化培养新农作物品种，调整产业结构；等等。

一、研究定位思考

（一）碳排放总量分配

根据不同产业部门的能源消费采取不同的分配原则，其中，电力部门和能源密集型工业部门以绝对排放量为基础，通过改变能源结构和提升能源效率实现减排。

（1）美国《新环境方案》中的两种减排方案：①"自上而下"方案，依据排放强度进行全球排放权的分配，即排放强度越低，取得的排放权越多，以体现效率原则；②"自下而上"方案，在假设排放强度逐步下降的前提下，建立全球、国家或地区排放情景。

（2）三要素分配方案。由荷兰研发，主要在欧盟内部进行指标分配。基本要点：①考虑欧盟成员国在人口规模、发展水平、经济结构、燃料结构、能源效率等与减排密切相关的众多因素上的差异，将排放实体分为电力产业、出口导向的能源密集型工业和民用工业三大部门；②民用部门则以人均排放量为基础，设置减排的长期目标。

（3）基于人文的碳排放分配。基于人文发展的碳排放指标分配法，又称为紧缩与趋同法。核心要点：①依据地球远期大气稳定浓度确定工业二氧化碳排放，再按照人均原则确定全球统一的人均碳排放目标；②各国从现有实际排放水平出发，发展中国家逐步提高人均排放量，发达国家逐步降低人均碳排放量，从而实现全球碳排放量的目标，然后发展中国家和发达国家一起继续减排，最终实现全球稳定的浓度目标。

（4）累积历史排放权分配法。代表为巴西方案。核心要点：①在对全球温度上升的相对责任进行研究的基础上确定减排指标的分配；②部分国家以 1999 年为基础，到 2020 年减排 30%；③工业化越早的国家需要承担的减排义务越大，清洁发展基金作为惩罚性资金，用于资助发展中国家适应气候变化的活动。

（二）运作模式："碳减排"额度分配

1. 京都模式

世界各缔约国以 1990 年排放量为基准排放量，通过政治谈判确定各自的具体减排目标。欧盟各成员国按指令（Directive 2003/87/EC）附件Ⅲ的要求提交国家分配计划，把本国的排放控制总量及各相关主体的减排配额，以国家分配计划的形式报给欧盟委员会。

2. 我国减排指标的地方分解

为确保实现"十二五"规划纲要提出的节能减排约束性指标，国务院印发《"十二五"节能减排综合性工作方案》，提出相应政策措施。分解目标综合考虑经济水平、产业结构、节能潜力、环境容量及产业布局等因素。节能目标分解的情况是：①天津、上海、江苏、浙江、广东下降18%；②北京、河北、辽宁、山东下降17%；③山西、吉林、黑龙江、安徽、福建、江西、河南、湖北、湖南、重庆、四川、陕西下降16%；④内蒙古、广西、贵州、云南、甘肃、宁夏下降15%；⑤海南、西藏、青海、新疆下降10%。

二、研究内容确选

（一）生态文明建设：绿色低碳发展

党的十八大提出"把生态文明建设放在突出地位，融入经济建设、政治建设、文化建设、社会建设各方面和全过程"，确定了我国未来经济社会发展将坚持贯彻绿色生态的中心思想。正在实施的《中共中央 国务院关于加快推进生态文明建设的意见》，将"新四化"的概念明确表述为"协同推进新型工业化、信息化、城镇化、农业现代化和绿色化"。

1. 我国将以绿色发展的理念引领生态文明建设

生态文明建设的理念已经融入我国现有价值观、生产方式和制度建设。低碳经济发展方式的提出，意味着我国将从以牺牲环境为代价的粗放式发展转化为以创新为基本动力并符合资源节约、环境友好和生态安全的效率型集约式发展。

2. 坚持节约资源和保护环境的基本国策

（1）我国将从实际出发，继续坚持节约资源和保护环境的基本国策。与发达国家相比，力求做到更为节约资源和能源，人均累积二氧化碳排放量到2050年可能不会超过发达国家水平的1/3。

（2）我国是目前全世界二氧化碳排放量最多的国家。我国应当以积极的态度参与这场低碳经济转型挑战，这为转变经济发展方式和调整经济结构带来机遇和动力。

自1949年以来，我国经济发展大致经历了4个阶段：①经济发展技术制约阶段；②经济建设资金制约阶段；③经济建设市场制约阶段；④经济社会发展环境制约阶段。工业化发展使环境问题成为越来越突出的问题。基于我国国情的节能减排如图0-2所示。

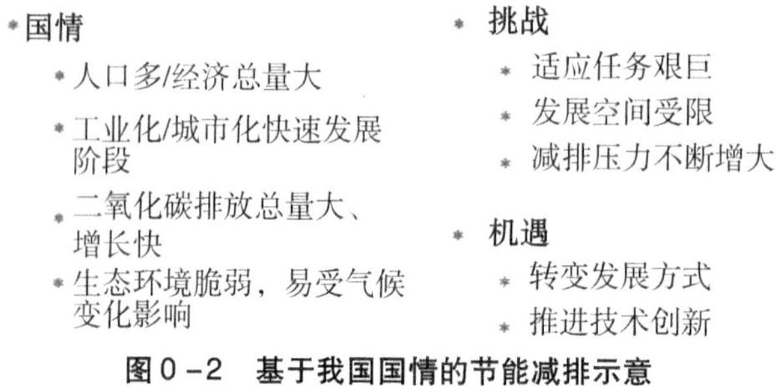

- **国情**
  - 人口多/经济总量大
  - 工业化/城市化快速发展阶段
  - 二氧化碳排放总量大、增长快
  - 生态环境脆弱，易受气候变化影响

- **挑战**
  - 适应任务艰巨
  - 发展空间受限
  - 减排压力不断增大

- **机遇**
  - 转变发展方式
  - 推进技术创新

图0-2 基于我国国情的节能减排示意

总体而言，根据我国的情况，低碳经济转型实践机遇与挑战并行，将极大地影响我国经济社会各部门、各地方、各产业，影响每个人的衣、食、住、行等。

（二）低碳经济转型是可持续发展的基石、是历史的必然选择

1. 通过经济发展方式的转型，向低碳经济迈进

（1）我国通过经济发展方式的转型、消费方式的转型、能源结构的转型、能源效率的提高，向低碳经济、低碳社会迈进。为了积极承担保护环境的责任，完成国家节能降耗指标的要求，要摒弃以往先低端后高端、先污染后治理、先粗放后集约的经济发展模式；要调整经济结构，提高能源利用效益，走新兴工业化道路，建设生态文明。减少温室气体排放，应对全球气候变化，是诸多环境问题中最重要的问题，也是最难解决的问题。

（2）如何抓住低碳经济发展模式这一机遇，实现区域跨越式发展，成为研究的重点问题。①我国经济增长受到国内外的双重制约，发展空间受到很大限制，必须摒弃以往的高碳发展模式，走低碳发展道路；②"绿色经济"的发展范式、低碳化经济社会发展模式（可持续发展的路径）对环境的负外部性较小或者没有；③清华大学胡鞍钢教授曾提出"黑猫"模式，是指经济的迅速发展给环境带来严重负外部性，负外部性反过来又对经济发展造成很大的外部压力和制约。

（3）采用绿色GDP核算指标，表明中国经济发展方式正在转变。①过去许多地方为了保障地方税和财政收入增长，纷纷选择"工业强县""工业强市""工业强省"的方向，强化了工业带动、投资驱动、资源高消耗、污染高排放的经济发展模式；②我国采用绿色发展指标来考核各个地方政府和官员的政绩，这是一个十分重要的信号，它将改变各级政府引导、服务经济的观念和做法。

2. 加强低碳技术创新、制度创新研究

（1）低碳经济是应对全球气候变化的重要产物，要加强低碳经济发展范式研究。①低碳经济是人类为应对全球气候变暖提出的，因此强调节能减排；②全球人口和经济规模的不断增长使大气中二氧化碳浓度逐渐升高，进而导致了全球气候的变化，严重影响了人类的生存和发展，因此必须强调资源节约和环境友好；③低碳经济与循环经济、生态经济和绿色经济之间有着紧密的联系，它们相互促进，既是发展的过程，又是发展的结果。

（2）重视资源禀赋、能源环境效应。每个国家的资源禀赋、清洁能源的比重和成本都不一样，可利用资源禀赋，产生能源环境效应。如碳生产率相对较高的产品可以出口，碳生产率较低的产品则可以进口。一个研究报告表明欧洲有一项远大的工程规划，计划在非洲撒哈拉沙漠上建大型太阳能光热发电站，然后建远距离输变电系统，把电力输送到欧洲。那么，在中国有广袤的戈壁滩，如果太阳能发电技术成熟，戈壁滩的开发前景将非常广阔。

科学理论与实践基础篇

第一章 气候变化及其机理演进

一项研究表明，北半球中高纬度的陆地生态系统是一个巨大的"碳汇"（carbon sink），固定了大部分全球碳循环中的二氧化碳。此项研究成果被《科学》评为2001年十大科学突破之一。上述研究所指的"碳汇"即碳循环环节，"碳汇"效应就是指通过碳循环的有序进行来保护生态循环。在全球应对气候变化的背景下，世界正在经历一场经济和社会发展范式的变革——低碳经济发展的抉择，其核心范式是发展低碳能源技术、提高能源效率、改善能源结构、转变经济发展方式、建立低碳生产模式和消费模式。过去300年工业化、城市化的历程，引起的环境变化已严重影响到人类的生存环境和自然生态，导致水资源失衡、农业减产、生态系统受损。人类必须积极应对全球气候变暖，共同维护全球生态系统安全和经济社会可持续发展。

气候变化和环境保护是联合国气候变化框架公约（United Nations Framework Convention on Climate Change，UNFCCC）等高度关注的问题。例如，有"巴厘岛路线图"决议和哥本哈根会议；世界气象组织（World Meteorological Organization，WMO）及联合国环境规划署（United Nations Environment Programme，UNEP）于1988年联合建立联合国政府间气候变化专门委员会（Intergovernmental Panel on Climate Change，IPCC）；1972年6月16日《人类环境宣言》通过，表明国际组织对气候问题的重视程度提高，低碳时代到来的步伐愈益清晰。

第一节 全球气候变化的科学机理

一、温室效应的形成机理

在空气中，氮气和氧气所占的比例是最高的，可见光与红外辐射都可以透过它们。而二氧化碳不能透过红外辐射，所以二氧化碳可以防止地表热量辐射到太空中，具有调节地球气温的功能。如果没有二氧化碳，地球的年平均气温会比目前降低20 ℃。但是，二氧化碳含量过高，就会使地表和大气温度逐渐升高，形成温室效应（greenhouse effect）。温室效应是指被阳光照射的密闭空间由于与外界缺乏热交换而形成的保温效应，就是太阳短波辐射可以透过大气射入地面，而地面增暖后放出的长波辐射却被大气中的二氧化碳等物质所吸收，从而产生大气变暖的效应。形成温室效应的气体中，二氧化碳约占75%、氯氟代烷占15%～20%，此外还有甲烷、一氧化氮等30多种。

据估计，地球如果没有大气，地表平均温度就会下降到 -23 ℃，而实际地表平均温度为 15 ℃，这说明温室效应使地表温度提高 38 ℃。温室效应和全球气候变暖已经引起了世界各国的普遍关注，目前正在推进制定国际气候变化公约。减少二氧化碳的排放已经成为人类世界的大势所趋。

2007 年，IPCC 的评估报告指出，近 100 年来，地球气候正经历一次以全球变暖为主要特征的显著变化，而且未来 100 年，全球气候还将持续变暖，这会对自然生态系统和人类生存产生巨大的影响。人类如果不采取有效的措施控制温室气体的排放，大气中温室气体浓度将会继续上升，这将使全球平均地表温度在 2100 年上升 1.4～5.8 ℃，给全球生态系统和人类的生存发展带来不可逆转的影响。全球近代平均温度变化曲线如图 1-1 所示。

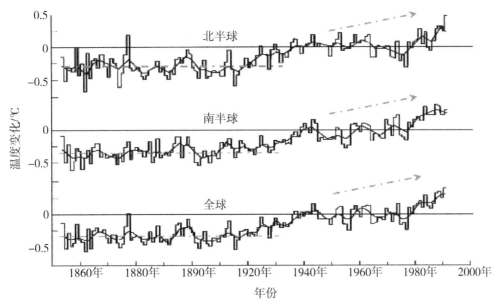

图 1-1　全球近代平均温度变化曲线

资料来源：IPCC 第 4 次评估报告的研究。

关于气候变化的讨论一直围绕着二氧化碳含量，因为它的含量相对较高，在大气中存在的时间又比较长。自 18 世纪工业革命以来，二氧化碳在空气中的浓度以惊人的速度不断攀升。工业革命之前，二氧化碳在大气中的浓度仅为 2.8×10^{-4}，而目前则达到了 3.7×10^{-4} 以上。

如果现在开始有节制地对树木进行采伐，全球变暖速度会有所减缓。令人担忧的是，伴随着经济社会的迅猛发展，人类忽视了其所带来的负面效应，致使其在极大满足自身物欲的同时，也给自身未来的发展埋下了诸多隐患。这些问题随着时间的推移暴露得越来越明显，有些甚至威胁到人类自身的生存，如温室效应的出现、水污染等问题。地球气温升高，会对人类生理机能造成影响，人类生病的概率将越来越大，各种生理疾病将快速蔓延，甚至会滋生出新疾病。

如果二氧化碳含量比现在增加 1 倍，全球气温将升高 3～5 ℃，两极地区可能升高 10 ℃，气候将明显变暖。气温升高，将导致某些地区雨量增加，某些地区出现干旱，飓风力量增强，出现频率也将提高，自然灾害频发。更令人担忧的是，气温升高将使两极地区冰川融化，海平面升高，许多沿海城市、岛屿或低洼地区将面临海平面上升的威胁，甚至被海水吞没。全球气温的变化对人类环境的影响如图 1-2 所示。

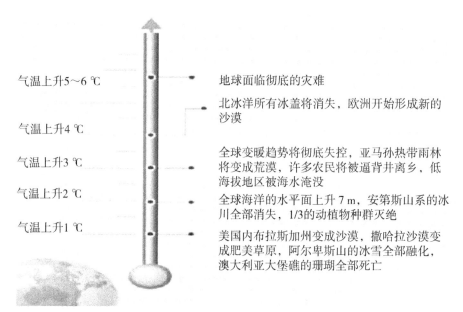

图 1-2　全球气温度变化对环境的影响
资料来源：IPCC 第 4 次评估报告的研究。

二、全球气候变暖治理

全球变暖与二氧化碳浓度升高曲线趋势如图 1-3 所示。

全球气候变暖治理主要包括减缓恶化和生态恢复。

减缓恶化主要是指在工业生产、能源生产等生产过程中，采取提高能效、降低能耗等措施减少温室气体排放，或者通过增加以森林为主的绿色植被提高对温室气体的吸收能力，以降低大气中温室气体浓度，减缓全球气候变暖速度。

生态恢复主要是指主动采取科学技术手段，保护自然生态系统，利用生态互利共生的能力使生态恢复。因此，"碳汇"效应在其中的作用不容忽视。

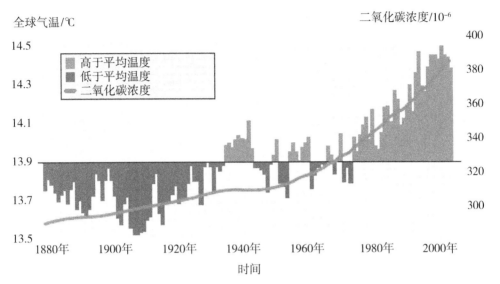

图 1-3 全球变暖与二氧化碳浓度升高曲线

资料来源：Adapted from Karl, and Peterson（2009）。

第二节 国际合作机制与节能减排

节能减排有 3 个重要方面：①提高能源效率和发展可再生能源；②建立温室气体排放交易等市场机制；③设立碳基金，发挥政府在扶持和鼓励开发低碳技术领域的重要作用。

按照"巴厘岛路线图"确认的议程，为适应气候变化应采取措施减少温室气体的排放，推广有利于减少气候变暖的新技术，为减缓和适应气候变化提供更多资金支持。全球应对气候变化可分为 4 个"轮子"，它们分别是减缓、适应、技术和资金。减缓主要包括发达国家的碳减排承诺；适应指发展中国家的减排行动，并制定政策激励发展中国家减少毁林，加强森林管理增加碳汇；在技术和资金方面，加强各行业间的技术合作等。

一、国际三大碳减排合作机制

国际三种碳排放机制的共同点是境外排放，而非在本国实施减排行动。因此，又称为境外排放机制。

（一）联合履行机制

联合履行机制是指发达国家与发达国家之间通过项目级的合作，一个发达国家将其所实现的减排单位转让给另一个发达国家，与此同时，必须在转让方的"分配数量"配额上扣减相应的额度。联合履行机制如图 1-4 所示。

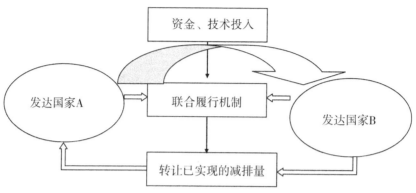

图 1-4 联合履行机制运作示意

（二）"碳贸易"机制

减排的实质是能源问题，发达国家的能源利用效率高，能源结构优化，新的能源技术被大量采用，因此，在发达国家进一步减排的成本极高，难度较大。而发展中国家能源效率低、减排空间大，成本也低。这导致同一减排单位在不同国家存在着不同的成本，形成了高价差。发达国家的碳需求很大，发展中国家的碳供应能力很强，"碳贸易"市场由此产生。

"碳贸易"机制是指一个发达国家将其超额完成减排义务的指标以贸易的方式转让给另外一个未能完成减排义务的发达国家，并同时从转让方的允许排放限额上扣减相应的转让额度。"碳贸易"机制如图 1-5 所示。

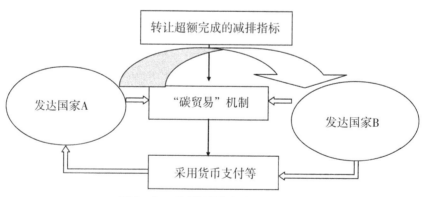

图 1-5 "碳贸易"机制运作示意

日本和欧美等发达国家及地区已通过"碳贸易"取得了显著的环境和经济效益。例如，英国通过"以激励机制促进低碳发展"的气候政策来提高能源利用效率，降低温室气体排放量；德国通过"碳排放权"交易管理，做到了经济与环境双赢；美国堪萨斯州农民通过农田碳交易，获得了新的农业收入来源；日本则把"碳排放权"交易看作"21 世纪第一个巨大商机"，通过在世界各地大量购买和销售"碳排放权"，获得了巨大的经济收入。此外，碳汇交易是指发达国家出钱向发展中国家购买碳排放指标，这是通过市场机制实现环境生态价值的有效途径。

 **案例** ▢▢▢

四川叙永县通过与北京智联绿洲科技有限公司合作，将本县的"碳减排"量指标以 9 欧元/吨的交易价格卖往德国环境项目管理有限公司。叙永县计划在县域内的叙永镇、江门镇、龙凤乡等 11 个乡镇新建沼气池 2000 口，预计年实现减排二氧化碳 5000 t 以上。北京智联绿洲科技有限公司负责该项目的开发、后期减排监测，把"碳减排"量指标卖到欧洲，预计每年可获得"减排"收入近 50 万元，其中 60% 收益将由农户获得。

（三）清洁发展机制

清洁发展机制是指发达国家通过提供资金和技术的方式，与发展中国家开展项目级的合作（由于发达国家与发展中国家处在不同发展水平和层次，因此也叫纵向合作）。通过项目实现的"经核证的减排量"，用于发达国家缔约方完成在《京都议定书》第三条下的承诺。清洁发展机制如图 1-6 所示。

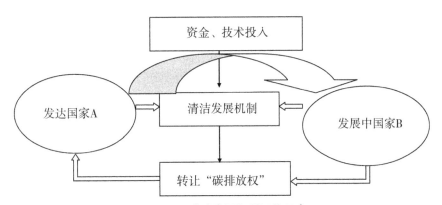

图 1-6　清洁发展机制运作示意

绿色排放还有一些制度安排，如实施严格的能耗效率管制，制定更严格的产品能耗效率标准与耗油标准，促使企业降碳。案例包括但不限于：对建筑物进行能源认证，提高新建筑物和修缮房屋的能源效率标准；推广节能产品，逐步淘汰白炽灯等；对贸易商品，如电冰箱、计算机，执行更高的节能效率标准，推动改进交通能耗和强调使用低碳燃料；加强对已实施的措施的监管，防止能耗效率问题反弹，如意大利对能耗效率管理采取了"白色证书"制度，这是一种促使企业提高能源效率的认证制度。

二、"碳资产"产生及其对我国的影响

（一）"碳资产"的产生与形成

"碳资产"原本在这个世界上并不存在，它既不是商品，也没有经济价值。然而，1997 年《京都议定书》的签订改变了这一切。从经济学的视角解释就是在环境合理容量的前提下，政治家们人为规定包括二氧化碳在内的温室气体的排放行为要受到限制，由此导致碳的排放权和减排量额度（信用）开始稀缺，并成为一种有价产品，称为"碳资产"。

（二）全球"碳市场"的形成

目前，全球"碳市场"的格局除了原有的国际四大"碳交易"所，即荷兰交易所、欧洲气候交易所、北欧电力交易所、纽约绿色交易所，还有全国碳交易所（2021 年 7 月 16 日在我国开市）可以进行减排量交易。据世界银行统计，全球减排量相关交易额早在 2007 年就已高达 60 亿欧元。

1. 欧洲排放交易体系

欧盟委员会自 2005 年起对成员国实行温室气体排放配额管理，在其生效的第一阶段（2005—2007 年），对各成员国每年可排放的二氧化碳量做了规定。在此基础上设立了欧洲排放交易体系，允许各成员国交易各自的配额。欧盟的规定比《京都议定书》更为严格，其交易也非常活跃。2005 年，成交额就达 72 亿欧元，2006 年为 181 亿欧元。但由于欧盟规定第一阶段的配额不能带入第二阶段，2007 年的价格大幅下跌，交易量萎缩。2008—2012 年是其生效的第二阶段，一些非欧盟成员国也加入其中，并且欧盟也接受了 UNFCCC 认定的减排项目。

2. 芝加哥气候交易所

芝加哥气候交易所成立于 2003 年，它为温室气体排放量交易设计了碳金融工具（carbon financial instruments，CFI）合约，每份 CFI 代表 100 t 的二氧化碳等额气体排放量。芝加哥气候交易所提供了正式会员、合作会员、减排量供应、减排量打包、交易、买家等 6 种参与形式，以满足不同的排放需求。

（三）全球"碳市场"对我国的影响

"碳资产"的推动者是《联合国气候变化框架公约》的 100 个成员国及《京都议定书》签署国。这种逐渐稀缺的资产在《京都议定书》规定的发达国家与发展中国家共同但有区别的责任前提下，出现了流动的可能性。由于发达国家有减排责任，而发展中国家没有，因此产生了"碳资产"在世界各国的不同分布。出口国的"碳减排"资源和配套环境决定了其在"碳市场"上的议价能力。

"碳市场"的定价权，不仅取决于"碳贸易"量。首先，必须建立统一的"碳

交易"平台——为买卖双方提供充分的供求信息，降低交易成本，实现公平合理定价。其次，虽然我国污染排放与温室气体排放交易个案不少，但分散在各个城市和各个行业。这种分散的市场状况导致中国企业在谈判中处于弱势地位，最终的成交价格与国际市场价格相去甚远。最后，目前我国本土的金融系统，如商业银行及第三方核准机构等还处在非常初级的探索阶段。我国的"碳减排"额度往往是先出售给中介方（一般是拥有验证能力的、国外大型投行的"碳金融"管理机构），再由其出售给需要购买减排指标的企业。

21 世纪初，一场"碳风暴"在北京、成都、重庆等地刮起。掀起这场"碳风暴"的是由 15 家英国碳基金公司和服务机构组成的、有史以来最大的求购二氧化碳排放权的英国气候经济代表团。在我国，这些手握数十亿美元采购二氧化"碳减排权"的国际买家，所到之处均引起了众多中国工业企业的关注。

目前，我国已经有多个"碳交易"中心/所，主要的交易中心有上海环境能源交易所、天津排放权交易所、广州碳排放权交易所、北京环境交易所、深圳排放权交易所、湖北碳排放权交易中心、重庆碳排放权交易中心。这些中心分别服务于不同的地区和行业，为"碳交易"市场的发展提供重要的支撑。

第三节　影响发展格局的环境革命

按照经济学的含义，环境经济外部性又称为溢出效应、外部影响或外差效应，指一个人或一群人的行动和决策使另一个人或另一群人受损或受益的情况。经济外部性是经济主体（包括厂商或个人）的经济活动会对他人和社会造成非市场化的影响，即社会成员（包括组织和个人）从事经济活动时其成本与后果不完全由该行为人承担。分为正外部性（positive externality）和负外部性（negative externality）。正外部性是某个经济学行为个体的活动使他人或社会受益，而受益者无须花费代价；负外部性是某个经济行为个体的活动使他人或社会受损，而造成外部不经济的人却没有为此承担成本。"碳关税"起到了"平整竞技场"的作用，维护了国际贸易的公平竞争原则，并非贸易保护和关税壁垒。

一、全球两次环境革命浪潮的影响

20 世纪 60—70 年代以来，先后出现了以揭露环境恶化、呼吁重视环境为先导的第一次世界环境革命浪潮。第二次环境革命浪潮是 20 世纪 80—90 年代，随着工业化、城市化的发展，出现人口迁移高潮，引起了资源环境问题。两次世界环境革命浪潮的共同背景都是重大的技术革命发生。

第一次环境革命浪潮以生态失衡为标志：①面对环境质量与经济增长的矛盾"选择可能不现实的解决方法"（富国不能再富）；②采用传统的经济增长模型"投资导向＋技术进步"发展经济；③发展中国家绿色实践（绿色革命）刺激经济增

长，即"投资，技术，环境"的经济发展模式。

第二次环境革命浪潮基于地球资源环境承载力的问题而产生，联合国可持续发展理论的提出标志着：①其不允许自然资源恶化的理论倡导证明生态边界阈值是存在的；②各国确立环境保护在经济发展中占中心地位得以明确。

二、世界整体环境变化的影响

（一）全球环境的变动性与稳定性是共生的

1. 与变动性相对应的是环境的稳定性

稳定性是指环境具有一定的自我调节能力的特性，即在人类社会行为作用下，环境结构与环境状态会发生变化，如果这种变化不超过一定的限度，环境可以借助自身的调节能力使这些变化逐渐消失，结构和状态得以恢复。

2. 变动是绝对的，稳定是相对的

"限度"是决定能否稳定的条件，人类社会的行为会影响环境的变化，因此人类社会必须自觉地调控自己的行为，使之与环境自身的变化规律相适应、相协调，以求得环境向着更有利于人类社会生存和发展的方向变化。

（二）各种环境问题的分类

（1）按照环境问题的表现分：①由环境污染演化而来的问题；②生态破坏问题；③自然资源枯竭问题。

（2）按照环境问题的性质分：①人类面临部分资源趋于枯竭，人均资源拥有量减少。②生态破坏，生物多样性受损；环境污染，人类生存环境质量下降，危及人类健康。③随着全球人口的急剧增长和经济的快速发展，对资源的需求与日俱增，人类正面临某些资源匮乏的严峻挑战。

三、经济理论

（一）环境库兹涅茨曲线

库兹涅茨在 20 世纪 50 年代提出一个假说，即在经济发展过程中收入差距先扩大再缩小。这种收入不平均和人均收入之间的倒"U"形关系被称为库兹涅茨曲线。观察表明，在经济发展过程中，环境也同样存在先恶化后改善的情况。环境经济学家据此提出了存在环境库兹涅茨曲线的假说。环境库兹涅茨曲线如图 1-7 所示。环境库兹涅茨曲线的经济理论应该用一国长期的时间序列数据来检验（但是有关资料缺乏），因此经济学家大多用通用数据（包括发达国家和发展中国家的资料）来检验环境库兹涅茨曲线。

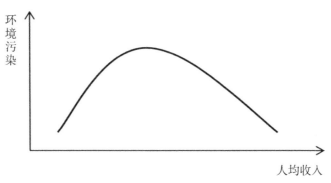

图 1 - 7　环境库兹涅茨曲线

（二）新兴国家环境污染治理机制

当今发展中国家对环境污染的治理已经取得成效。我国在环境污染治理的过程中，优化市场机制，加大政策、金融支持，并制定各种法律规章，普及推广环保概念，形成了"绿水青山就是金山银山"的理念。

长远来看，国家面临对外争取发展空间，对内向低碳经济转型的双重艰巨任务。我国坚持《联合国气候变化框架公约》的原则，对外努力争取合理的排放空间和公平发展的权利。人均累积排放量既代表了一个国家的历史责任，也表明人类共有的有限空间资源为该国现代化发展和建设所做的贡献。发展中国家要走新型工业化道路，须通过制度创新穿越"环境高山"（图 1 - 8）。

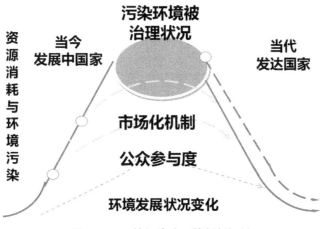

图 1 - 8　环境污染治理的创新机制

第四节　应对气候变化的低碳战略

纵观世界，发达国家已经由高碳时代进入低碳时代。严重的资源短缺和环境污染等内在矛盾早已使高碳时代难以为继，节能减排已成为世界各国的中心议题。随着环境问题的日益严峻，全球各主要国家都将绿色发展作为经济增长的核心新动力。"低碳经济"最早出现在2003年的英国能源白皮书《我们能源的未来：创建低碳经济》中，在其后的"巴厘岛路线图"中被进一步肯定。2008年的世界环境日主题定为"转变传统观念，推行低碳经济"，呼吁国际社会能够重视低碳发展并采取措施使各国达成低碳经济的共识。

一、全球应对气候变化面临严峻挑战

人为活动的温室气体排放（主要是二氧化碳和甲烷）不断增长，导致全球气候变暖日益显著。

应对气候变化的核心是减少温室气体排放，主要是化石能源消费的二氧化碳排放。碳排放带来的气候变化及其环境损失包括：资源过度消耗、环境严重破坏、气候变暖、臭氧层耗竭、酸雨蔓延、土地荒漠化、森林锐减、生物多样性锐减、生态破坏损失严重。

在某种程度上，这些问题都归结于人们对发展的片面理解：认为只要经济发展了，一切问题都可以迎刃而解，忽视了环境保护。事实上，节能减排就是要解决企业生产、汽车尾气排放等给环境带来的污染问题。这是建设资源节约型、环境友好型社会的必然选择；是推进经济结构调整，转变增长方式的必由之路；是维护中华民族长远利益的必然要求。

二、世界各国发展低碳经济的积极行动

（一）关注低碳化发展，实现减排与发展的双赢

1. 全球各国积极参与低碳经济

发达国家关注低碳化发展，其低碳经济目标是与控制温室气体排放的国际义务联系在一起的。发展中国家同样关注发展，强调在实现发展目标的同时，控制温室气体的排放，实现减排与发展的双赢。

2. 我国提出发展低碳经济和实现碳峰值、碳中和的长远目标

我国一方面积极承担环境保护责任，完成国家节能降耗指标的要求；另一方面调整经济结构，提高能源利用效益，发展新兴工业，建设生态文明。摒弃以往先污染后治理、先低端后高端、先粗放后集约的发展模式，这是实现我国经济发展与资

源环境保护双赢的必然选择。

3. 欧盟一直是应对气候变化的倡导者

欧盟积极推动国际温室气体的减排行动。2008 年 1 月欧盟委员会提出"气候行动与可再生能源一揽子计划",旨在带动欧盟经济向高能效、低排放的方向转型,并以此引领全球进入"后工业革命"时代。根据该计划,欧盟承诺到 2020 年将可再生能源占能源消耗总量的比例提高到 20%,将煤炭、石油、天然气等一次能源的消耗量减少 20%,将生物燃料在交通能耗中所占的比例提高到 10%。此外,欧盟单方面承诺到 2020 年将温室气体排放量在 1990 年的基础上减少 20%,如果其他的主要国家采取相似行动则将目标提高至 30%,到 2050 年希望减排 60%～80%。

4. 美国推动新一代清洁能源技术研发与创新

美国在气候变化问题上的态度一向与多数国家相左。由于没有批准《京都议定书》,美国受到了国际社会的普遍批评。但是在可持续能源发展方面,美国吸引的风险资本和私人投资最多,生产税收减免等联邦法规也对开发和利用可持续能源、发展低碳经济起到了积极的推动作用。美国公布了新的气候变化技术计划。美国将推动在新一代清洁能源技术方面的研发与创新,尤其是将会提供资金用于开发燃煤发电的碳捕获与埋存技术,并鼓励可再生能源、核能及先进的电池技术的应用,通过减少对石油的依赖来确保国家的能源安全和经济发展。在政府和市场的共同推动下,美国在当前和未来的温室气体"减排"技术和发展低碳经济方面有可能获得全球优势。

事实上,在金融危机的影响下,低碳技术与新能源经济已经成为美国经济振兴计划的重要战略选择。美国众议院通过了旨在降低美国温室气体排放、减少美国对外国石油依赖的《美国清洁能源与安全法案》。该法案规定的减排目标为:至 2020 年,二氧化碳排放量比 2005 年减少 17%,至 2050 年减少 83%。尽管这一中期目标与国际社会的期望相距甚远,美国在应对气候变化的立法过程中依然面临诸多挑战,但该气候变化法案的出台,仍然标志着美国在"碳减排"方面迈出了重要一步。

5. 英国提出了全球低碳经济的远景设想

英国是最早提出"低碳"概念并积极倡导低碳经济的国家。2007 年,英国政府在《能源白皮书——迎接能源挑战》中提出了温室气体减排目标:计划到 2010 年二氧化碳排放量在 1990 年的水平上减少 20%,到 2050 年减少 60%,到 2050 年建立低碳经济社会。2008 年,英国又公布了《气候变化法案》草案,明确承诺到 2020 年削减 26%～32% 的温室气体排放,到 2050 年实现降低温室气体排放量 60% 的长远目标。在发布《气候变化法案》的同时,英国出台了《英国气候变化战略框架》,提出了全球低碳经济的远景设想,指出低碳革命的影响之大,甚至可以与第一次工业革命相媲美。

通过激励机制促进低碳经济发展是英国气候政策的一大特色。英国气候变化政策中的经济工具包括气候变化税、气候变化协议、英国排放贸易机制"碳基金"等。各种经济工具，不仅各具特色，而且是一个相互联系的有机整体。其中，"碳基金"公司是英国政府支持下的一家独立公司，成立于2001年，其任务是通过与各种组织、机构合作，减少碳排放量，促进商业性低碳技术开发利用，加速向低碳经济的转型。

6. 日本从"耗能大国"到"新能源大国"的转变

日本是《京都议定书》的诞生地。根据2008年日本提出的"福田蓝图"，其减排长期目标是到2050年温室气体排放量比当时减少60%～80%，把日本打造为第一个低碳社会。日本是主要能源消费大国。近几年来，日本不断研发新能源技术，能源利用效率大幅度提高，新能源开发利用展现出扭亏为盈的倍增趋势，使日本经济的抗风险能力不断增强，大大降低了对传统能源的依赖程度。

日本在谋求从"耗能大国"到"新能源大国"的转变。2008年7月，日本政府将横滨、九州、带广市、富山市、熊本县、水俣、北海道下川町等不同规模的城市作为"环境模范城市"，以表彰和鼓励它们积极采取切实有效措施缓解温室效应。

7. 瑞典推出经济调节措施，提高碳税、能源税

瑞典早在1991年就开始对油、煤炭、天然气、液化石油气、汽油和国内航空燃料征收二氧化碳税，其税基是燃料的平均含碳量和发热量。瑞典政府希望通过国际合作把大气温室气体浓度稳定在5.5×10^{-4}，这意味着瑞典的人均排放在2050年应该低于5 t的二氧化碳当量，相当于在当前水平"碳减排"超过40%。2009年2月，瑞典执政的温和党、人民党、中央党和基督教民主党四党派就瑞典可持续发展的能源政策达成一致并发布了政策文件。该政策文件指出，瑞典的能源和气候政策应该建立在环保、竞争力和安全三大基石之上。该能源政策的目标是，到2020年使瑞典的可再生能源比例提高到50%。瑞典国内可实现"碳减排"任务的2/3，其余的1/3将通过在其他欧盟国家投资和建立清洁发展机制等实现。为实现上述目标，瑞典政府推出经济调节措施，如提高碳税、能源税等。

8. 巴西推动生物燃料业发展

巴西是推动生物燃料业发展的先锋，也是当前生物燃料业发展较为成功的范例。作为世界上最大的甘蔗种植国，巴西每年甘蔗产量的一半用来生产糖，另一半用来生产乙醇，代替汽油作为机动车行驶的燃料。在混合燃料轿车需求的拉动下，巴西燃料乙醇的日产量从2001年的3×10^7 L增加到2005年的4.5×10^7 L，已能满足国内约40%的汽车能源需求。如今，与其他竞争燃料相比，巴西的乙醇燃料在价格上已具有竞争性。从2008年起，巴西国内市场上销售的柴油必须添加2%的生物柴油；到2013年添加比例应提高到5%。此外，巴西还出台了相应的鼓励政策与措施。

（二）全球性环境政策重要议程

1. 全球环境政策的重要议程

1979 年第一次世界气候大会召开。1992 年通过《联合国气候变化框架公约》。1997 年通过《京都议定书》，确定了发达国家 2008—2012 年的量化减排指标。2007 年 12 月达成"巴厘岛路线图"。2009 年 12 月举行哥本哈根会议。

2. 全球性环境政策重要目标

2009 年八国峰会提出：全球升温与工业化前相比不超过 2 ℃；2050 年全球排放在 1990 年水平上总量减半；发达国家 2050 年在 1990 年水平上减排 80%。八国集团在声明中说，八国在应对气候变化方面负有领导责任，但实现长期减排目标需要世界各国共同努力。

3. 人类离不开地球环境这个生命支持系统

人类不可能孤零零地生活在这个星球上，由数千万种生物物种及其生态群落和各种环境因素构成的系统正在支持着人类的生存。1995 年，美国"生物圈 2 号"试验（验证人类能否生活在一个预先仔细设计好的与世隔绝的封闭系统中）的失败，说明人类目前离不开地球环境这个生命支持系统。社会往往不能在经济产值和环境质量之间建立起一种适当的、均衡的经济联系，其原因就在于，许多污染引起的费用并非由污染者来承担，而是由他人、社会来承担，这被称为外部性。环境污染与生态破坏这种外部性的费用并没有反映在造成这些污染（或破坏）的生产成本之中。

本 章 小 结

显而易见，各国都在强调应对气候变化，广泛采取相应的低碳发展战略和措施，寻求低碳经济发展范式及其实现路径。对世界各国而言，进行综合研究极具紧迫性、必要性。低碳经济作为一种发展范式，关键突破点是加强技术、能源、产业和制度创新。低碳经济是后工业化社会由工业文明转向生态文明的新型经济社会形态，其核心在于提高能源效率，改善能源结构，优化经济结构，推动社会转型；其关键在于低碳技术创新和经济社会发展激励制度的创新，以推动世界走向低碳社会，从而实现近零排放。

纵观人类社会发展的历史环境，人类文明的每一次重大进步都伴随着能源资源的改进和更替。能源资源的开发利用极大地推进了世界经济和人类社会环境的发展。从长远来看，世界能源供应持续增长，为经济社会发展提供了重要的支撑；能源消费的快速增长，为世界能源市场创造了广阔的发展空间。

总而言之，世界发展低碳经济是在可持续发展框架下应对气候变化的根本战略选择。

思 考 题

1. 全球气候变暖对环境主要造成哪些影响，对经济社会可持续发展是否存在一定的危害、威胁？

2. 国际"碳贸易"合作机制包括哪几种，其参与的国家/地区分为哪些层次？

3. 为什么"节能减排"会在全球范围内形成共同推动的潮流，其主要的意义和作用何在？

第二章 低碳经济范式的实现路径

为实现向低碳经济发展转型，需要转变以高消耗换取高增长的传统的增长模式，要不断注重技术水平提高、装备制造的革新，走高质量发展的道路。积极参与低碳经济范式的机制创新、科学技术创新，与发达国家开展国际资金与技术合作，引进适宜国内低碳经济发展、环境保护的先进技术。技术创新是在可持续发展框架下应对气候变化的核心手段，可节约能源、提高能源效率。发展低碳能源技术，可促进能源结构优化，有利于保障能源安全。

低碳经济首先在 2003 年被英国提出，其中心思想就是在保证一定经济增长速度的同时，减少二氧化碳等温室气体的排放；其本质则是优化产业结构，提高能源使用效率，从而达到低碳发展的目的[①]。按照英国"能源白皮书"对低碳经济模式的规划，英国逐渐从自给自足的能源供应时代走向主要依靠进口的时代[②]。

第一节 低碳经济技术范式的内涵

一、经济技术范式创新

1. 经济技术范式创新的内涵

狭义的经济技术范式创新是指产品创新、工艺创新、服务创新、组织创新；广义的是指市场需求是经济技术范式创新的重要动力，技术经济范式创新是企业满足市场和客户需求的一种手段。

2. 经济技术范式创新的特征

经济技术范式创新的特征为：企业的创造性、不确定性、高风险性、高投入性、高收益性。

3. 经济技术驱动力类型

一是内生的企业家（小企业）技术驱动力。内生的企业家技术推动模式认为技术创新是由科学发现和技术发明推动的，它们是技术创新过程的内生环节，这一环节中企业家发挥主导作用，而市场只是技术创新成果的被动接受者。

二是外生的大企业技术驱动力。外生的大企业技术推动模式认为科学发现和技术发明是外生的，强调了大企业在技术创新中所发挥的主导作用。

---

① 陈柳钦：《英国的低碳经济与可持续发展》，《改革与开放》2010 年第 9 期。
② 鲍健强、朱逢佳：《从创建低碳经济到应对能源挑战——解读英国能源政策的变化与特点》，《浙江工业大学学报（社会科学版）》2009 年第 2 期。

4. 经济需求拉动创新范式

经济需求拉动创新范式是指客观存在的市场需求是企业研发构思的来源，市场需求为产品和工艺创新创造了机会，并激发企业去寻找可行的技术方案进行研究与开发活动。

5. 技术创新与市场联动范式

技术创新与市场联动范式是指技术和市场相互作用而引发的企业技术创新双重推动范式。科学技术与市场间的动力作用是辩证统一的关系，技术创新主体与不同参与者通过多重功能和关系的联结而产生相互作用，促进技术创新。创新过程被看作创新构思的产生、研发、设计制造和市场营销并行的过程。合作企业间有更密切的战略联系，注重加强研究开发、生产营销部门间信息的有效沟通。

此外，还有系统集成网络范式，技术创新过程中不仅内部各功能单元一体化，而且外部有关组织存在极为紧密的战略合作关系，多种组织间的功能交叉重叠构成网络关系。

二、低碳经济范式与发展机制创新

低碳经济的基本目标是通过低碳经济范式下的生态环境与资源配置，实现经济社会的协调可持续发展。低能耗、低排放的特点决定了低碳经济的建设首先要顾及日益恶化的自然生态环境。在低碳经济的建设过程中，只有环境不断得到改善，才有利于和谐社会的建设与可持续发展。低碳经济是经济增长方式、能源消费方式、人类生活方式的一次变革，是人类社会继农业文明、工业文明之后又一次重大的进步。低碳经济是相对高碳经济而言的。传统的工业文明主要是建立在高能耗、高排放、高污染的高碳经济模式基础上的，这给人类带来了巨大的灾难和挑战。

1. 低碳生态经济范式的结构

低碳经济是与高碳经济相对而言的。低碳经济的发展以人和自然为背景，将经济、社会和生态三个子系统纳入了一个更大的开放复杂系统。

基于大气圈系统的低碳生态经济范式的结构框架如图 2-1 所示。

当前我国的温室气体排放总量居世界第一位。发展低碳经济有助于我国实现经济社会、环境协调与可持续发展，使我国的能源供给多元化，不再一味依赖煤和石油等化石能源。

2. 低碳范式是经济增长方式的转变

我国作为一个负责任的大国，十分重视发展低碳经济。我国运用联合国倡导的绿色经济理论和方法确立国家的绿色发展道路。低碳、现代化的绿色发展路径包括但不限于：①对我国低碳经济发展的能源效率、能源替代、碳汇吸收等技术进行要素创新；②在低碳城市、低碳产业、低碳消费等发展领域进行机制创新；③对低碳情景、低碳绩效、技术创新领域等问题进行研究。

3. 以新理念推进新型工业化、新型城镇化和生活方式的低碳化

（1）低碳经济发展的关键：①以新理念推进新型工业化、新型城镇化和生活方

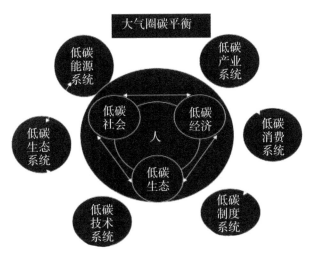

图2-1　基于大气圈系统的低碳生态经济范式结构框架

式的低碳化；②城市化建设要从空间蔓延、功能分离的传统"摊大饼式"转向空间紧凑、功能混合的紧凑城市发展模式；③在工业化方面，要从物质流和能源流的传统线性经济模式转向循环经济发展模式；④在生活方式现代化方面，转向体现低碳经济的生活模式；⑤在经济发展和人民生活水平提高的同时，主动减少过度消费的行为；⑥要从以追求拥有为目标的传统物质主义的生活方式，转向多维度的追求为我所用的体现低碳经济的生活模式。

（2）积极实现低能耗、低污染和低排放。这是一种基于文明、科学、健康的生态化生产、生活与消费方式。低碳对消费模式的影响：①助力建立节约能源、提高能效的健康科学的生活习惯；②推动生活设施节能和公共建筑节能；③更倾向于选择低碳交通运输方式。

第二节　低碳经济转型与高质量发展

发展低碳经济，将节能减排和生态城市建设相结合，能够促进和协调各地的发展，确定优先发展领域，不但可以强化当地的可持续发展，也必将为发展低碳经济创造更多的国际合作的机会。目前，在中欧战略合作框架下，应对能源与气候变化问题是合作重点。

一、高质量发展：促进经济增长、消费方式转变

（一）低碳经济转型走实现经济高质量发展的道路

低碳经济要求改变国民经济的产业结构与布局，提升能源利用率，降低单位 GDP 能耗。控制高碳产业增长规模是提高经济发展质量、发展低碳经济的重要途径之一。在向低碳经济转型的过程中，政府、企业和个人都要转变"唯经济增长"的观念，要关注经济发展的质量，促进经济增长方式与消费方式的转变。循环经济和清洁生产是低碳经济的两个特征，低碳经济模式实现后，城市的社会生产模式将向循环经济与清洁生产转变。

（二）建设低碳经济、低碳消费的社会发展模式

在温室效应加剧与全球气候急剧变化的今天，社会开始提倡可持续的消费模式。发展循环经济是一种与环境和谐相处的经济发展模式，它要求把经济活动组织成一个"资源—产品—再生资源"的反馈式流程，其特征是低开采、高利用、低排放。清洁生产是在资源的开采、产品的生产、产品的使用和废弃物的处置的全过程中，最大限度地提高资源和能源的利用率，最大限度地减少对它们的消耗和污染物的产生。

欧盟成员国在发展低碳经济和减缓气候变化方面积极行动，希望以低碳经济投资和贸易的方式帮助发展中国家发展低碳经济。可以预测，未来数十年将是以"低碳经济"为标志的新一轮全球竞争。发展低碳经济，可以增强全球竞争力。绿色经济道路与我国建设资源节约型和环境友好型社会在本质上是一致的，也是贯彻和落实科学发展观、实现高质量发展的必要途径。

（1）建立循环型社会的发展模式。①循环型社会是一个环境友好型社会。循环型社会是人与自然和谐相处的社会，其实质还是人与人之间、人与自然之间的和谐。②循环型社会是一个公众广泛参与的社会。循环经济需要建立相应的社会经济技术体系。③循环型社会需要建立一种新的价值体系和行为方式。④循环型社会需要建立一种新的环境理论观。

（2）发展循环型产业的各个领域。①循环型第三产业：生态旅游业、生态物流业、信息服务业、教育产业、餐饮娱乐业、环境服务业。②物质资源的循环与回收利用：生活垃圾的减量化、资源化与无害化，废旧物资的回收利用。③循环型城镇：构筑物质循环型城市体系，创建国家环境保护模范城市和全国生态示范区。④建设循环型社区。⑤推行绿色消费的理念和行动：推行绿色采购与绿色消费，倡导绿色生活方式和绿色消费模式。⑥规范绿色产品与绿色企业的认证与管理。⑦研制、开发和生产绿色产品。

二、我国发展循环经济的战略目标

1. 我国发展循环经济的总体战略目标

循环经济的总体战略分为三个阶段：①第一阶段，2005—2010年建立比较完善的促进循环经济发展的法律法规和有效的激励约束机制；②第二阶段，2011—2020年基本建成具有循环经济特征的经济社会体系和管理体系；③第三阶段，2021—2050年全面建成人、自然、社会和谐统一的循环型社会。

2. 建设节约型社会，将节约资源提升到基本国策的高度来认识

牢固树立以人为本的科学发展观，改变透支资源求发展的方式。通过经济杠杆，推动节约资源，倡导符合可持续发展理念的循环经济模式和绿色消费方式。

建设节约型社会的重点工作：①大力推进能源节约，抓好重点耗能行业和企业节能；②推进交通运输和农业机械节能；③推动新建住宅和公共建筑节能；④引导商业和民用节能；⑤开发利用可再生资源；⑥强化电力需求侧管理；⑦加快节能技术服务体系建设；⑧深入开展节约用水宣传，推进城市节水工作。

3. 促进清洁生产，建立静脉产业体系

（1）推行清洁生产是实施可持续发展战略的必然选择。①推行清洁生产是促进污染防治从单纯的末端治理向污染预防转变的必由之路。②推行清洁生产是增强企业竞争力的重要措施之一。③推行清洁生产的主要措施：抓好重点行业结构调整，推进清洁生产技术进步。④加大对企业清洁生产的支持。⑤加强咨询指导和协调服务。⑥广泛开展宣传教育和培训。

（2）静脉产业，就是资源再生利用产业。它是以保障环境安全为前提，以节约资源、保护环境为目的，运用先进技术，将生产和消费过程中产生的废物转化为可重新利用的资源和产品，实现各类废物的再利用和资源化的产业，包括将废物转化为再生资源及将再生资源加工为产品两个过程。

我国静脉产业发展存在以下问题：缺乏足够的认识，行业缺乏束缚；法律体系尚不完善，政策扶持不够；技术开发进展迟缓。推进我国静脉产业发展的主要任务为：完善法律体系，制定相应的扶持政策；加大开发力度，推广新技术，提高公众意识。

4. 大力推进循环经济产业园建设

发展循环经济工业园的措施为：按照科学发展观和"五个统筹"的要求，将循环经济原则落实到工业园规划的编制过程中；提高资源的使用效率，并鼓励在园区内进行资源的梯次流动；运用先进的设计手段，对产品进行生命周期分析；大力发展绿色技术，完善循环经济建设的科技支撑体系；进行科学和严格的管理。

第三节　绿色新政对低碳路径的影响

一、国际绿色低碳化发展机制

（一）"绿色新政"及其对我国的影响

1. 当今世界，正面临"百年之变局"多重危机

联合国环境规划署推出"全球绿色新政"概念，其目的是使世界各国在应对各类风险的同时，寻求一条有效且能持续解决这些多重危机的道路。如何权衡经济发展的短期阵痛与气候变化的长期影响，成为对各国战略智慧的重大考验。

2. 倡导发展以工业为主导的特色生态经济

提升传统工业，就是要推行体制创新和科技创新，运用先进的科学技术对旧的工艺和设备进行彻底改造，使之尽快成为新的工业生态系统的组成部分。只有以经过彻底改造的传统工业和全新的生态工业为主导，才能把生态特色经济发展起来。对发展生态特色经济提出的构想主要是：①大力发展生态农业、生态工业、生态旅游业；②农业走无公害有机化之路，工业走无污染清洁化之路，旅游业回归自然式园林化之路；③保护、开发和利用文化生态资源，建设民族文化产业，对于发展以工业为主导的生态特色经济具有极为重要的意义。

（二）经验借鉴：国外发展循环经济的成效

1. 德国发展循环经济的经验借鉴

（1）德国的循环经济发展主要经历了四个阶段：①萌芽阶段。20世纪50—60年代，德国的经济得到了迅猛发展，同时也产生了严重的环境污染问题。由此，环境问题被提上了议事日程。1969年被公认为是德国环境政策的诞生元年。②起步阶段。20世纪70年代初期，德国启动了一系列环境政策规划方案，并公布了第一个较为全面的"环境规划方案"。③转型阶段。20世纪70年代中期到20世纪90年代初期，德国环境政策经历了停止、转型等过渡时期，逐步开始全方位解决环境问题，国家战略也逐步从经济发展优先向经济与环境相协调发展转变。④实施阶段。20世纪90年代中期到现在，德国政府出台了更多新的能源政策和环境政策，旨在促进经济与环境的和谐发展。

（2）德国发展循环经济的经验总结：①废弃物处置的法制化；②废弃物管理的规范化；③废弃物清除的标准化；④废弃物使用的市场化；⑤物质流管理的效益化；⑥可持续发展的社会化；⑦配套性技术的体系化；⑧监督与保障的制度化。

2. 日本的经验借鉴

日本是最早探索循环经济发展模式的国家之一，也形成了独具特色的循环经济战略体系，该体系使日本成为世界上资源利用效率最高的国家。早在 20 世纪 60 年代，日本政府就成立了"公害对策特别委员会"。

第四节　绿色 GDP 核算及其环境保护

GDP 即国内生产总值，它是国民核算体系中的一个高度综合的中心性指标。但传统 GDP 的核算并没有考虑自然资源的耗减和环境质量降级。随着可持续发展的理念深入人心，20 世纪 90 年代，人们提出了一个包含自然环境资源在内的核算指标——绿色 GDP。

我国的经济增长面临日益严峻的资源环境约束，在相当长的历史时期，一直注重、依赖以 GDP 为核心的国民经济核算体系。因此，引入国际倡导的综合环境经济核算体系，探索绿色 GDP 的核算和应用，就成为事关中国未来发展前景的大课题。绿色 GDP 核算，包括资源核算和环境核算，旨在以原有 GDP 核算体系为基础，将资源环境因素纳入其中。通过核算描述资源环境与经济之间的关系，提供系统的核算数据，为可持续发展分析、决策和评价提供依据。

环境污染核算是绿色国民经济核算的一部分。国家环境保护局和国家统计局于 2004 年 3 月联合启动了《中国绿色国民经济核算研究》项目，并于 2005 年开展了全国十个省市的绿色国民经济核算和污染损失调查评估试点工作。

一、绿色国民经济核算

（一）绿色 GDP 核算

绿色 GDP 核算包括自然资源核算与环境核算，其中环境核算又包括环境污染核算和生态破坏核算。环境污染核算主要包括废水及水污染物、大气污染物、固体废物污染的实物量核算与价值量核算。需要进行绿色 GDP 核算的主要原因为：①环境质量下降引发环境与贫困的恶性循环，损害生产要素的质量；②环境治理成本降低经济增长率、影响就业；③严格的环境管理会影响企业在国际贸易中的行业竞争力；④污染削减了企业内部成本但产生了负外部性，会影响企业的竞争力。

（二）绿色 GDP 核算方法

进行绿色国民经济核算，客观上需要开发出功能上类似 GDP 的指标，即绿色 GDP。因此，经环境调整的 GDP 核算，就是把经济活动的环境成本，包括环境退化成本和生态破坏成本从 GDP 中扣除，并进行调整，从而得出一组以"经环境调整的国内产出"（environmentally adjusted domestic product，EDP）为中心的综合性指标。

绿色 GDP 的主要核算公式为：绿色 GDP = 传统 GDP − 环境资源损耗 − 环境污染损耗，或绿色 GDP = 传统 GDP − （自然资源的消耗 + 环境损耗的成本） + 环保部门新创造的价值。因此，核算出来的 EDP 是一个局部的、有诸多限制条件的绿色 GDP，一个仅考虑环境污染扣减的 GDP，一个用虚拟治理成本去调整的 GDP，不包括生态破坏治理成本的扣减。但完全意义上的绿色 GDP 只能由国家统计局组织有关资源部门和环保部门经过长期的努力核算得到，这才是一个理想化的绿色 GDP 核算。

（三）绿色 GDP 核算的实践探索

广义而言，绿色 GDP 是在传统 GDP 的基础上考虑了自然资源环境因素，将其纳入核算体系。但是研究者们的目的和角度不同，绿色 GDP 的具体构成因子也是不一致的：①绿色 GDP＝经济总产出－中间投入－环境投入；②绿色 GDP＝现行 GDP＋外部影响因素＝现行 GDP＋外部经济因素－外部不经济因素；③绿色 GDP＝GDP－治理生产性和消费性污染的费用－不可再生资源的价值－超过数量限制的可再生资源的价值＋环保产业的环境产值。

绿色 GDP 对实现低碳经济转型、节能减排、减缓温室效应和全球变暖，以及实现社会环境协调可持续发展有着重要和关键的意义。考虑了资源耗减和环境降级成本的绿色 GDP 引导人们合理利用自然资源，积极保护生态环境，使人类的发展建立在"全面、协调与可持续"的基础上，进而积极改善人类的生存环境和健康水平。如果经济增长是以资源的过度消耗、环境的损害为前提，绿色 GDP 的数值就会比传统 GDP 的数值小；相反，在经济增长的同时，资源得到合理利用，环境得到改善，那么绿色 GDP 的数值就会比传统 GDP 的数值大。这会给决策者们正确的信息，有利于他们制定宏观调控政策。

二、世界环境保护问题

1. 全球化作用于经济增长，经济增长又影响环境

前工业社会的环境问题主要是生态破坏，但其影响是局部的。工业社会的环境问题为：全球范围内出现不利于人类生存和发展的征兆；经济全球化深化国际分工，改变世界各地的经济结构，从而改变经济活动的资源使用强度和污染强度；经济全球化促进资本和技术扩散，这些扩散可能对环境产生有利影响，也可能带来负面影响；经济全球化在使全球产出扩大的同时，也使一部分国家、地区或人群被边缘化，从而可能加剧这些地区由贫困引起的环境退化和资源耗竭问题；经济全球化促进生产标准国际化，由于主流消费市场的环境标准较高，因此可能提高全球的环境标准；经济全球化改变市场和政府的关系，限制政府机制作用的领域，使市场机制这一角色的作用得到加强。因此，在经济全球化的过程中，由市场失灵导致的环境问题会趋于增加；在经济全球化的背景下，面对全球性环境问题和一些国内环境问题，各国政府间的环境合作趋于加强，产生进行环境政策改革的压力。

2. 保护环境成为关键的问题

对于环境保护相关的问题，目前还没有固定的法律解释，因为这个问题在 WTO

内外都没有经过法律争端的验证。对于世界各国而言，通常采取的方案为：有关各国应当合作，防止破坏环境；控告国家可采取限制进口等行动保护自己的国内环境，但是不能歧视。根据 WTO 协议，适用来自其他国家进口的标准、捐税或其他措施，也必须同样适用控告国家自身产品的"国民待遇"和来自其他国家的进口"最惠国待遇"；在环境协议不适用时，WTO 规则适用。WTO 协议规定两件重要事项：一是不能因为生产方法对产品施加贸易限制，二是一个国家不能将自己的标准强加给自己领土以外的其他国家。

3. 我国环境保护案例

 案例 □□□

深圳"小政府、大市场"与产业经济发展

更好地实现环境保护总体目标、走向低碳经济发展道路要求政府、工商企业进行紧密合作，并积极地协助城市、农村、工业区、工厂、学校、医院、社区等做好低碳生态规划与节能规划，并参与生态项目（垃圾处理、水处理）与能源项目的直接投资（BOT 模式）。还有更为重要的一个方面，我们需要建设低碳生态产业集群，即用生态工业园的理念与模式来发展和管理的低碳产业集群。在节能减排的基础上，城市需要结合各行各业的特性，制定高标准的环境治理措施与要求，满足社会对低碳排放的需求；同时又要满足企业的市场需求，使企业获得更好的社会效益和更大的经济效益。

深圳"小政府、大市场"的行政治理框架日臻完善，服务型政府的管理模式基本形成，包括放宽行政审批、完善各类法规制度，鼓励创新并保障、维护公平竞争的市场环境，因而培育、形成了一批全球瞩目并具有巨大影响力的民营企业。在产业发展方面，金融、物流、高新技术、文化产业四大支柱产业稳定增长。这些成就得益于深圳市多年的战略性产业结构的布局与调整。

总而言之，为实现环境保护和节能减排的具体目标，减少温室气体排放，实体企业需要通过应用新技术、新材料和新的作业方式等，不断改进、优化或创新生产经营活动，从而逐步形成低碳化的营运模式。例如，新技术包括新能源技术、节能技术、排放回收技术、其他相关技术（如信息技术）等；新材料主要包括排放较少、满足应用要求的替代性材料；新的作业方式涵盖视讯会议、在线交易等。创新的低碳模式还包括使用限制邮购模式、推行慢行生活方式、按需生产、推行绿色建筑等，这些对实现减排有积极意义。再如投资、研发、生产、分销，以及相关工程建设领域的运营、BOT 项目投资等，这些由创新形成的低碳经济范式，是人类珍惜能源、保护环境，最终实现可持续发展。

本 章 小 结

研究阐明我国在工业化、城市化的过程中，需要实行严格、高效的环境管理方式，并借鉴国际上的成功经验，以最大限度地减轻经济增长、城市化、消费升级等带来的环境压力，实现低碳化发展的目标。落实科学发展观、"五位一体"推进生态文明建设，需要全社会的共同努力，运用节约的理念推进新型工业化及农业产业化，以构建资源节约型、环境友好型和谐社会，为推动人口、资源与环境可持续发展的进程做出贡献。

研究还认为，我国走新型工业化道路，应积极推动结构调整、推进产业结构优化升级；通过创新发展机制，走出一条科技含量高、经济效益好、资源消耗低、环境污染少、人力资源优势得到充分发挥的高质量发展道路；从优化产业结构中求发展，从节约集约利用土地资源、创新制度与维护环境中求发展。

思 考 题

1. 低碳经济是在何背景下提出的？低碳经济的提出对能源、环境与区域经济发展有什么指导意义？

2. 低碳经济发展范式主要涉及哪些领域？对于区域和城市发展能发挥哪些促进作用？

3. 低碳经济发展的理论基础涉及社会科学和自然科学领域，你对学习低碳经济有什么看法和认识？

4. 技术创新对产业升级的影响将从哪两个主要方面体现？

5. 绿色 GDP 核算对于我国经济建设有什么意义与作用？

第三章 低碳经济与可持续发展理论

基于低碳经济现有研究成果①，当前关于能源、环境可持续发展的理念已在全球范围内普及，包括城市低碳交通、生态建筑等低碳建设系统也得到推广，这使我们的生活方式、生产方式又一次面临巨变。Rachel Carson 的《寂静的春天》、戴维斯·古根海姆执导的《难以忽视的真相》获得奥斯卡纪录片奖，罗马俱乐部的《增长的极限》敲响环境的警钟，这些作品不仅吸引了世界各国政府组织、有识之士纷纷投入环境与生态保护的事业中，而且使倡导新经济发展方式与生活方式的"绿色能源与节能减排、低碳可持续发展"行动在全球范围内得以推动和发展。自 2009 年12 月 7 日在哥本哈根召开国际气候会议，就未来应对气候变化的全球行动签署新的协议，世界各国发生了从高碳排放的工业文明向低碳消耗的生态文明的革命性转型。

经济增长条件下的资源环境问题，可归纳为在人类过度开发利用资源和环境的情况下环境被破坏或环境退化，从而危害人类和其他生物生存与发展的所有问题。人类生产、生活过程中排放的废弃物和有害物越来越多，超过环境的自净能力，这使许多国家和地区遭受严重的环境污染和生态破坏。鉴于此，我国低碳经济转型已经上升到"生态文明建设"的战略层次。

目前，世界能源的供应和消费，具有明显的危机或不可持续性因素。为防止全球气候遭到灾难性和不可逆转的破坏，应积极对能源的来源进行去碳化，确保全球能源供应，同时加速向低碳清洁能源体系过渡。国家和地方政府也应采取强有力的措施，以及通过参与国际协调机制实现低碳经济转型发展的目标。

第一节 低碳经济内涵、概念与特征

低碳经济倡导一种与环境和谐共处的经济发展方式，其以资源高效利用和循环利用为核心，以低消耗、低排放、高效率为基本特征，以生态产业链为发展载体，以清洁生产为重要手段，最终达到物质资源的有效利用和经济社会的可持续发展。关于低碳经济发展的特征、概念和内涵的表述及相关学科理论的联系与区别阐述如下。

---

① 何建坤：《发展低碳经济，关键在于低碳技术创新》，《绿叶》2009 年第 1 期；潘家华、庄贵阳、郑艳、朱守先、谢倩漪：《低碳经济的概念辨识及核心要素分析》，《国际经济评论》2010 年第 4 期；周宏春：《低碳经济学：低碳经济理论与发展路径》，机械工业出版社，2012，第 2—5 页。

一、低碳经济理论的内涵、概念与特征

（一）低碳经济的相关概念

低碳经济是指包含生产、交换、分配、消费在内的社会再生产全过程的经济活动的低碳化——达到碳排放量最小化乃至零排放，包括获得最大的生态经济效益；倡导能源经济革命，形成低碳能源和无碳能源的国民经济体系，有助于真正实现生态经济社会的清洁发展、绿色发展和可持续发展。

低碳产业的基本特征是工业、农业和服务业三大产业内部发展及产业之间互动合作的低碳化。技术路径包括低能耗、低污染、低碳排放。

低碳产业结构的突出特征是低碳产业碳结构的优化。碳结构是指产业生产中碳基能源的消耗、碳排放、产出产品的含碳量等的综合配比。

碳成本（social cost of carbon）是指每单位排放进入空气的二氧化碳超过可接受水平的部分对环境造成的相应损害。

绿色经济的特征为：①维护人类生存环境；②合理利用资源与能源；③有益于人体健康。

循环经济是指按照自然生态系统物质循环、能量流动规律重构经济体系，使经济体系和谐地融入自然生态系统的物质循环过程，并由此建立的一种新形态的经济。它倡导的是一种建立在物质不断循环利用基础上的经济发展模式。循环经济（物质闭环流动型经济）的特征是自然资源的低投入、高利用和废弃物的低排放。

碳能源基本特征为可再生、可持续应用，高效且环境适应性能好，因此被大规模化产业应用。

低碳能源系统通过发展清洁能源，包括风能、核能、太阳能、地热能和生物质能等，替代煤、石油等化石能源以减少二氧化碳的排放。低碳技术包括清洁煤技术和二氧化碳捕捉及封存技术等。低碳产业体系包括火电减排、新能源汽车、节能建筑、工业节能与减排、循环经济、资源回收、环保设备、节能材料等。

低碳经济是指 GHG 排放量尽可能低的经济发展方式，尤其是对二氧化碳这一主要 GHG 的排放量要进行有效控制，是避免气候发生灾难性变化、保证人类可持续发展的有效方法之一。

低碳形态论认为低碳经济是经济发展的碳排放量、生态环境代价及社会经济成本最低的经济，是低碳发展、低碳产业、低碳技术、低碳生活等一类经济形态的总称，也是一种能改善地球生态系统自我调节能力的、可持续发展的新经济形态。

（二）低碳产业、技术相关概念

1. 低碳产业

低碳产业是指运用低碳技术生产节能和新能源产品的产业，指在生产、消费过

程中，碳排放量最小化或无碳化，以低能耗、低污染、低排放为主要特征。

2. 低碳技术

低碳技术是指涉及电力、交通、建筑、冶金、化工、石化等部门，在可再生能源及新能源、煤的清洁高效利用，油气资源和煤层气的勘探开发，二氧化碳捕捉及封存技术等领域开发的有效控制温室气体排放的新技术。低碳技术指高能耗、高排放领域的节能减排技术，包括无碳技术和去碳技术。

3. 碳排放量

碳排放量是指在生产、运输、使用及回收某产品时所产生的平均温室气体排放量。动态的碳排放量则是指每单位货品累积排放的温室气体量，同一产品的各个批次会有不同的动态碳排放量。

4. 碳排放强度

碳排放强度即生产单位 GDP 的二氧化碳排放量。一般情况下，碳排放强度指标是随着技术进步和经济增长而下降的。

5. 能源消费强度

能源消费强度是指单位 GDP 所使用的能源量，一般换算为每万元 GDP 消耗的标准煤质量，它可以体现能源的经济效率。

6. 低碳能源的种类

低碳能源包括风能、太阳能、核能、生物能、水能、地热能、海洋能、潮汐能、波浪能、洋流和热对流能、潮汐温差能、可燃冰。

7. 交通低碳化

低碳交通主要包括新能源汽车和电气轨道交通。实现形式有混合动力汽车、纯电动汽车、氢能和燃料电池汽车、乙醇燃料汽车、生物柴油汽车、天然气汽车、二甲醚汽车。

8. 建筑低碳化

现行低碳化建筑主要包括光伏阳光屋顶等。

9. 农业低碳化

现行低碳化农业包括植树造林、节水农业、有机农业、立体种养节地等。

10. 工业低碳化

现行低碳化工业包括节能工业等，其重视绿色制造，鼓励循环经济。

11. 服务业低碳化

现行服务业低碳化包括绿色服务、低碳物流和智能信息化等领域。

12. 消费低碳化

消费低碳化包括绿色消费、绿色包装、回收再利用等。

二、可持续发展理论的概念、路径与原则

（一）可持续发展理论的核心是经济社会可持续发展

布伦特兰对可持续发展的定义为：既满足当代人的需求，又不对后代人满足其自身需求的能力构成威胁的发展。经济学家普遍认为可持续发展应是"经济持续增长或社会福利水平的持续提高"。广义的可持续发展要求建立一种综合性的发展观，它强调以人为本的经济－社会－自然复合系统的整体性发展。狭义的可持续发展，指资源环境可以承受的社会经济发展，它要求以最小的环境损失换取最大的经济社会成果。

（二）传统经济理论与可持续发展经济理论本质区别

传统经济理论：①前提假设是"经济人"自身利益最大化；②以一定时期内净现值最大为目标构建函数；③价值判断依据市场价值论；④重视现值（贴现技术）。

可持续发展理论：①价值判断依据总经济价值论（考虑环境成本和收益）；②市场（产品）价值与非市场（生态服务功能）价值（利用、选择、存在）并重；③关注未来价值；④假设人是伦理（道德）人，注重同代人间、代与代之间的公平；⑤重视经济利益的持续性或持续的获利能力（水平）。可持续发展经济学的含义如图 3 - 1 所示。

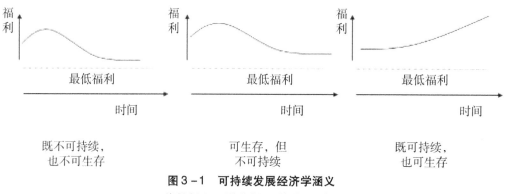

图 3 - 1 可持续发展经济学涵义

资料来源：可持续发展经济学的研究。

（三）可持续发展的路径、属性与原则

1. 不同层次国家可持续发展重点路径不同

发达国家可持续发展路径为：保护环境，提高效率，改变生活方式，减少资源浪费。发展中国家可持续发展路径为：开发利用资源，不断发展，提高生活水平，减少贫困。环境限度如果被突破，必将影响自然界支持当代和后代人生存的能力。

2. 可持续发展的属性

①自然属性，可持续发展是寻求一种最佳的发展方式以支持生态的完整性，即不可超越环境系统更新能力，使人类的生存环境得以持续；②社会属性，在不超出维持生态系统涵容能力的情况下，改善人类的生活品质，可持续发展的最终落脚点是人类社会；③经济属性；④技术属性，可持续发展就是转向更清洁、更有效的技术，尽可能接近"零排放"或"密闭式"的工艺方法，尽可能减少能源和其他自然资源的消耗。

3. 可持续发展的基本原则

公平性原则、持续性原则、共同性原则、自然资源价值性原则、公众性原则、法制性原则。

三、世界低碳化发展的实现路径

（一）发展低碳经济成为全球共识，低碳化发展是人类发展的必由之路

人类对碳基能源的依赖，导致二氧化碳排放过度，带来温室效应，对全球环境、经济，乃至人类社会都产生巨大影响，严重危及人类生存，这比经济危机更可怕。对于解决世界气候和环境问题，低碳化是一条根本途径，也是人类发展的必由之路。

（二）低碳经济是一项复杂的系统工程

必须从经济和社会可持续发展出发，构建低碳产业发展新体系。低碳经济是可持续发展的实现路径。①实现经济方式的根本转变：发展低碳经济为我国实现经济方式的根本转变提供了难得的机遇。走低碳发展道路，既是应对全球气候变化的根本途径，也是国内可持续发展的内在需求。发展低碳经济，有利于突破我国经济发展过程中资源和环境的瓶颈性约束。②走新型工业化道路：有利于顺应世界经济社会变革的潮流，形成完善的促进可持续发展的政策机制和制度保障体系；有利于推动我国产业升级和企业技术创新，打造我国未来的国际核心竞争力；有利于推进世界应对气候变化的进程，树立我国对全球环境事务负责任的发展中大国的良好形象。③产业结构低碳化转型：产业结构是指生产要素在各产业部门间的比例构成及各产业之间的相互依存、相互制约的联系。各产业部门的构成及相互之间的联系、比例关系不尽相同，对经济增长的贡献大小也不同。因此，把包括产业的构成、各产业之间的相互关系在内的结构特征概括为产业结构。产业结构调整是调整和建立合理的产业结构，目的是促进经济和社会的发展、人民物质文化生活的改善。

第二节　低碳排放的机制响应

低碳经济转型既是一项复杂的系统工程，又是一次深刻的经济和社会观念的革命。由于严重的资源短缺和环境污染等内在矛盾，以高碳为特征的经济增长时代难以为继。当今世界，节能减排已成为世界各国的中心议题。

自改革开放以来，化石能源（石油、煤炭等）极大地推动了中国经济的飞速发展，然而，伴随化石能源的燃烧排放出大量的温室气体（二氧化碳、甲烷等），导致全球性气候变暖成为各个国家所面临的环境问题。

据国际能源署在 2010 年的统计，我国已经成为"世界第一大化石能源消费国"，同样也是"世界第二大温室气体排放国"[1]。为此，我国在"十三五"规划中提出，到 2020 年，二氧化碳排放量相对于 2005 年降低 40%～45%，并承诺到 2030 年达到降低 60%～65% 的目标[2]。

一、我国碳排放总体现状与趋势

我国碳排放强度逐步下降，但人均碳排放量仍高于世界平均水平。相关研究表明：碳排放强度与产业结构演化之间存在一条倒"U"形曲线，进入工业化中期之后，第三产业比重上升和高耗能产业比重下降是碳排放强度降低的主要原因。与 2005 年相比，2020 年中国 GDP 增长 4 倍，单位 GDP 二氧化碳排放量比 2005 年下降 48.4%，我国低碳转型和产业结构调整取得实质性成效。

入世 20 年，政府通过制定十大节能工程，与 1000 家大型企业签署节能协议；国家投入节能基金 280 亿元，淘汰落后产能（如在 2010 年淘汰小水泥生产能力 2.5×10^8 t，淘汰小炼铁、炼钢能力 1.5×10^8 t，淘汰小火电机组 50 GW）。我国低碳转型取得显著成效。

国家制定高耗能产品和终端能耗标准（46 项），新建建筑实行 50%～65% 的节能标准。制定激励节能和可再生能源发展的财税政策。我国单位 GDP 能源强度与往年相比不断下降。我国未来二氧化碳排放增长和 GDP 的碳强度在 2060 年前的下降趋势如图 3-2 所示。

---

① 魏一鸣：《中国能源报告：能源安全研究》，科学出版社，2015。
② 林伯强：《能源革命与"十三五"能源规划的制定》，https：//www.sohu.com/a/35716279_115402。

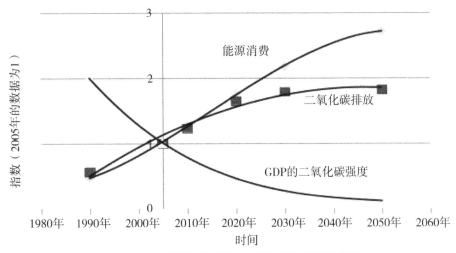

图3-2 中国碳排放增长与GDP碳强度下降曲线

资料来源：中国能源网。

二、经济增长无限性与自然承载有限性

一个国家的二氧化碳排放量通过排放清单来测算，主要覆盖化石能源燃烧、水泥生产、土地利用及森林"碳汇"吸收抵消后得出的排放总量。总体表现为经济发展的无限性与自然承载力的有限性。

1. 低碳时代的经济增长目标，是在资源节约和环境保护上的可持续发展

重点领域：①国土资源节约集约利用制度建设，国土资源节约集约模范县（市、区）创建土地节约集约利用；②构建低碳体系，打造新型绿色基地，推进科技创新，发展"碳汇"林业，建设"固碳型"生态农业；③充分发展以现代服务业为主的低碳产业；④具有低碳特征的文化、旅游、物流、金融、信息等第三产业和新能源产业；⑤可再生能源利用等高新技术产业发展，发挥应有的低碳效应水平。

2. 全球化作用于经济增长，同时造成环境影响

经济全球化深化国际分工，改变世界各地的经济结构，从而改变经济活动的资源使用强度，进而对环境产生相关影响。①经济全球化促进资本和技术扩散，这些扩散可能对环境产生有利影响，也可能带来负面影响。②经济全球化在使全球产出扩大的同时，也使一部分国家、地区或人群被边缘化，从而可能加剧这些地区由贫困引起的环境退化和资源耗竭问题。③经济全球化促进生产标准国际化，由于主流消费市场的环境标准较高，因此可能提高全球的环境标准。④经济全球化改变市场和政府的关系，限制政府机制作用的领域，使市场机制的作用得到加强。因此，在经济全球化的过程中，由市场失灵导致的环境问题会趋于增加。⑤在经济全球化的背景下，面对全球性环境问题和一些国内环境问题，各国政府间的环境合作趋于加强，产生进行环境政策改革的压力。

对于经济增长与可持续发展的实现路径设计如图 3-3 所示。

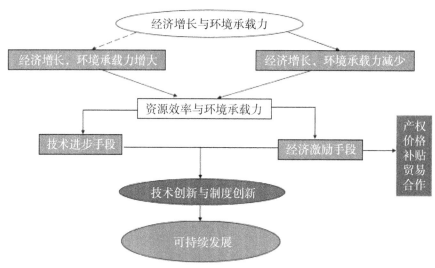

图 3-3　经济增长与环境可持续发展路径

世界发达国家和主要经济体早已达成发展低碳经济的共识。主要措施为：①以经济发展模式由"高碳"向"低碳"转型为契机，大力发展低碳经济；②通过市场机制下的经济手段激励推动低碳经济发展，以减缓人类活动对气候的破坏并逐渐达到一种互相适应的良性发展状态。

三、世界不同国家对环境问题的响应机制

英国实行排污权交易。于 2002 年正式实施排放交易机制，成为世界上第一个在国内实行排放市场交易的国家。其目的在于使排放量的绝对数目明显减少，获得排放交易的经验，力图未来在伦敦建立全球排放交易中心。

德国于 2002 年开始着手排放权交易的准备工作，目前已形成了比较完善的法律体系和管理制度。德国政府希望通过市场竞争使二氧化碳排放权实现最佳配置，减弱排放权限制给经济造成的扭曲，同时间接带动低排放、高能效技术的开发和应用。

欧盟在各成员国的基础上，建立了温室气体排放贸易体系，扩大交易范围，除了污染性工业企业与电厂，交通、建筑部门也可以参与交易，并于 2005 年在欧洲范围内实施公司级别上的排放交易。

第三节　循环经济理论的产生

1992 年联合国世界首脑环境大会发表《里约环境与发展宣言》和《21 世纪议程》，低碳经济与可持续发展观深入人心。2002 年世界环发大会决定在世界范围内推

行清洁生产，并制定行动计划。循环经济理念应运而生，其理论基础是工业生态学。

一、循环经济的产生

自 18 世纪 60 年代工业革命以来，人类对自然的开发能力达到空前水平，环境问题日益突出，迫使人类重新审视自身的发展历程。

20 世纪 60 年代，美国经济学家波尔丁提出"宇宙飞船理论"。波尔丁对传统工业经济"资源—产品—排放"的线性经济范式提出了批评，强调"资源—产品—再生资源"组成的闭环经济的循环经济思想。

1972 年罗马俱乐部在《增长的极限》报告中倡导"零增长"。生态工业是按生态规律和生态经济原理组成的循环网络型工业，既充分考虑生态系统承载能力，又具有高效的经济过程与和谐的生态功能。

循环经济是缓解资源约束，实现可持续发展的最佳选择。降低污染物排放，是从根本上减轻环境污染的有效途径；从高经济效益来看，发展循环经济是应对国际竞争的重要措施。

二、循环经济的理论基础和相关概念

（一）循环经济的经济学理论基础是生态经济理论

运用工业生态学的规律指导经济活动的循环经济，是建立在物质不断循环使用基础上的与环境友好共处的新型范式。

1. 循环经济的本质和目标内涵

循环经济的本质是一种生态经济。它要求运用生态学规律而不是机械论规律来指导人类社会的经济活动。循环经济把经济系统看作生态系统的子系统。总之，循环经济在生产、流通和消费等过程中进行的减量化、再利用、资源化的活动的总称，也是资源节约和循环利用活动的总称。

循环经济的目标是建立资源战略体系。促进资源永续利用及发展循环经济是实施资源战略、保障国家经济安全的重大战略措施。发展循环经济也是防治污染、保护环境的重要途径。我国发展低碳经济，首先要推行低碳生产，重视经济激励政策的制定。

循环经济五大新观念为：①新的系统观，循环经济的系统是由人、自然资源和科学技术等要素构成的大系统；②新的生态观，在生态系统中，经济活动超过资源承载能力的循环是恶性循环，会造成生态系统退化，只有在资源承载能力之内的良性循环，才能使生态系统平衡地发展；③新的价值观，在考虑人自身的发展时，不仅要考虑人对自然的征服能力，更要重视人与自然和谐相处的能力，促进人的全面发展；④新的生产观，循环经济的生产观念是要充分考虑自然生态系统的承载能力，尽可能地节约自然资源，不断提高自然资源的利用效率，循环使用资源，创造良性的社会财富；⑤新的消费观，提倡物质的适度消费、层次消费，在消费的同时就考虑到废弃物的资源化，建立循环生产和消费的观念。

（二）循环经济的指导原则、规律、特点及体系

循环经济的指导原则是政府规则与市场机制相结合、依法管理和政策激励相结合。发展循环经济和发展知识经济相结合，能够推进结构调整，促进经济发展。要以系统工程的思想指导循环经济发展，实行渐进式的循环经济推进策略。

循环经济要求以"3R原则"为经济活动的行为准则。①减量化原则（reduce），要求用较少的原料和能源投入来达到既定的生产目的或消费目的，进而从经济活动的源头就注意节约资源和减少污染；②再利用原则（reuse），要求制造产品和包装容器能够以初始的形式被反复使用；③再循环原则（recycle），要求生产出来的物品在完成其使用功能后能重新变成可以利用的资源，而不是不可恢复的垃圾。"3R原则"的优先顺序是减量化—再利用—再循环。

循环经济发展的基本规律有可持续发展规律、节约发展规律、协调发展规律。循环经济发展的基本领域有循环型工业、循环型农业、循环型社会。就循环经济模式的层次而言，包括企业层次、生态园区层次、城市与区域的层次。

循环型工业重点包括电工业、冶金工业、化学工业、建材工业、农畜产品加工业、纺织产业、机械装备产业、环保产业、稀土产业。循环型企业重点为：推行清洁生产，强化环境管理。工业园区重点为：建设生态工业示范园区，研制与开发绿色产品，开发和利用新型能源。

循环型工业体系指循环生产技术体系、循环生产的组织体系和经济体系。

循环型农业是循环经济体系的基础，是增加就业的重要途径，也是保障食品安全的根本手段，农业生产天然具有发展循环型经济的优势。

三、发展循环经济的实践探索

（一）发展循环经济是促进经济增长方式转变，也是增强企业国际竞争力的重要途径和客观要求

发展循环经济是缓解资源约束、实现可持续发展的最佳选择。降低污染物排放，是从根本上减轻环境污染的有效途径。就产业结构而言，发展循环经济是扩大就业的必然选择；从高经济效益来看，发展循环经济是应对国际竞争的重要的措施。

各国普遍采用经济激励政策，包括税收、贷款和价格补贴等优惠政策，同时建立并完成碳排放交易制度和低碳认证制度等，能够提高企业参与低碳建设的积极性，进而推动低碳经济的发展。

构建低碳型社会，必须加快产业结构调整，控制高碳企业发展速度，培育和发展低碳产业。在调整经济结构过程中，要对我国现行的外向型经济发展战略做出必要调整，限制高碳产品的出口，努力扩大低碳产品出口。

应以节能降耗为重点，推进低碳消费，着力构建低碳型社会；提倡低碳消费，宣传低碳消费理念，引导居民转变消费观念。

（二）发展低碳经济纳入法制化轨道，完善相关法律法规体系

明确政府、企业、公众在推行低碳经济方面的义务和职责，将发展低碳经济纳入法治化轨道。完善能源法律制度，为增加能源供应、规范能源市场、优化能源结构、维护能源安全提供法律保障。

我国高度重视并积极推进能源法律制度建设，包括《中华人民共和国节约能源法》《中华人民共和国循环经济促进法》《中华人民共和国石油天然气管道保护法》及《建筑节能条例》的制定，《中华人民共和国矿产资源法》《中华人民共和国煤炭法》和《中华人民共和国电力法》的修订。同时，也正在积极着手研究石油天然气、原油市场和原子能等能源领域的立法，《中华人民共和国清洁生产促进法》《中华人民共和国可再生能源法》已经颁布实施，配套政策措施陆续出台；修订后的《中华人民共和国节约能源法》已经公布。

第四节　循环经济的系统工程

发展循环经济的范式，是以资源综合利用、清洁生产、生态设计和可持续消费等为一体，又将经济活动重组为"资源利用—产品生产—产品消费—资源再生"的闭环模式，最终把资源消耗线性增长的经济发展模式转变为生态型闭环式经济增长方式。现代化的经济运行系统包括三个层面，即企业、区域和社会。可以说是循环经济创立了人类社会经济系统与自然生态系统和谐共生的基本范式。因此，我们认为低碳循环经济并非仅属于应用经济学和系统工程的领域，也是集生态经济学，产业经济学，人口、资源与环境经济学等交叉学科（群）的综合研究范畴。

一、人类经济社会与自然生态系统和谐共生范式

循环经济即物质闭环流动型经济，是指在人、自然资源和科学技术的大系统内，在资源投入、企业生产、产品消费及其废弃的全过程中，把传统的资源消耗线性增长的经济发展模式，转变为生态资源循环利用的经济发展模式。基本特征为：①在资源开采环节，要大力提高资源综合开发和回收利用率；②在资源消耗环节，要大力提高资源利用效率；③在废弃物产生环节，要大力开展资源综合利用；④在再生资源产生环节，要大力回收和循环利用各种废旧资源；⑤在社会消费环节，要大力提倡绿色消费。

转变传统经济增长方式，要杜绝以下问题的产生：①能源的错置和浪费；②生产工艺落后，能源效率低下；③经济决策和管理的失误导致能源损失；④生产和生活中的一切不合理性都包含着能源利用上的不合理，如地方对干部的考核仍将GDP

增长作为硬指标，而把节能减排作为软指标；⑤一些企业仍然只注重经济效益的获取，而忽视环境成本的控制和资源能源的损耗。

各地区、各部门相继做出了工作部署，"节能减排"取得了积极进展。节能减排目标的真正实现、国家的能源安全，最终都取决于科技水平的提高和自主创新能力的增强，应以人力资本替代包括能源和环境在内的自然资本，以人的全面发展取代过去那种剥夺自然资源的传统经济增长方式。

二、生态工业园的创新范式

（一）生态工业园：第三代产业园区

生态工业园是继经济技术开发区、高新技术开发区之后我国的第三代产业园区，它与前两代的最大区别是：①以生态工业理论为指导，着力于园区内生态链和生态网络的建设，最大限度地提高资源利用率，从工业源头将污染物排放量减至最低，实现区域清洁生产；②与传统的"设计—生产—使用—废弃"生产方式不同，生态工业园区遵循的是"回收—再利用—设计—生产"的循环经济模式；③生态工业园仿照自然生态系统物质循环方式，使不同企业之间形成共享资源和互换副产品的产业共生组合，使上游生产过程中产生的废物成为下游生产的原料，达到以生态环境为基础的最优化配置。

（二）生态环境基础构架下的低碳经济转型

1. 建立城市生态环境基础构架下的低碳经济转型

城市生态环境基础构架具体包括低碳产业、低碳工业、低碳企业、低碳城市、低碳社区和低碳家庭（图 3-4）。

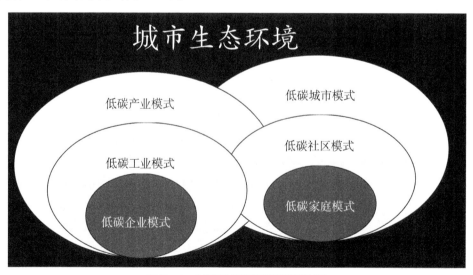

图 3-4　城市生态环境的基础构架

2. 产业结构生态化

产业结构生态化，就是通过法律、行政、经济等手段，把工业系统的结构规划成由资源生产、加工生产、还原生产三大工业部门构成的工业生态链。资源生产部门相当于生态系统的初级生产者，主要承担不可更新资源、可更新资源的生产和永续资源的开发利用，并以可更新的永续资源取代不可更新资源为目标，为工业生产提供初级原料和能源；根据产业生态学的原理，加工生产部门相当于生态系统的消费者，以生产过程无浪费、无污染为目标，对资源生产部门提供的初级资源进行加工转换，使之成为满足人类生产生活需要的工业品；还原生产部门将各副产品再资源化，或进行无害化处理，或转化为新的生产产品。

三、现代生态农业范式

（一）生态农业科学研究

1. 农业生态经济复合系统

生态农业是指在保护、改善农业生态环境的前提下，遵循生态学、生态经济学规律，运用系统工程方法和现代科学技术，集约化经营的农业发展模式。生态农业是一个农业生态经济复合系统，其综合农业生态系统和农业经济系统，以取得最大的生态经济整体效益。它也是综合农、林、牧、副、渔各业的大农业，又是综合农业生产、加工、销售，适应市场经济发展的现代农业。生态农业要求农业发展同其资源、环境及相关产业协调发展，强调因地、因时制宜，以便合理布局农业生产力，适应最佳生态环境，实现优质高产高效。生态农业能合理利用和增值农业自然资源；重视提高太阳能的利用率和生物能的转换效率，使生物与环境得到最优化配置；具有合理的农业生态经济结构，使生态与经济达到良性循环，增强抗御自然灾害的能力。

2. 精准农业技术

精准农业技术被认为是21世纪农业科技发展的前沿，是科技含量最高、集成综合性最强的现代农业生产管理技术之一。它的快速发展和应用实践使人类可以充分挖掘农田最大的生产潜力、合理利用水肥资源、减少环境污染，大幅度提高农产品产量和品质成为可能。实施精准农业也将成为我国农业科技革命的重要内容。一般而言，基于知识和先进技术的现代农田"精耕细作"技术体系至少包括以下方面：地理信息技术、生物技术、农业专家系统、决策支持系统、工程装备技术、计算机及网络通信技术等。信息技术和人工智能技术的高速发展促使一种新颖农业生产管理思想诞生，从而产生了对农作物实施定位管理、根据实际需要进行变量投入等农业生产精准管理的思想，进而提出了精准农业的概念。精准农业是一种基于空间信息管理和变异分析的现代农业管理策略和农业操作技术体系。它根据土壤肥力和作物生长状况的空间差异，调节对作物的投入，在对耕地和作物长势进行实时的定量诊断、充分了解大田生产力的空间变异的基础上，以平衡地力、提高产量为目标，实施定位、定量的精准田间管理，实现高效利用各类农业资源和改善环境这一可持续发展目标。显然，实施精准农业不但可以最大限度提高农业现实生产力，而且是实现优质、高产、低耗和环保的可持续发展农业的有效途径。

（二）生态农业现代化发展趋势

1. 生态农业的基本特征

现代农业就是用现代工业、现代科学技术和现代管理方法描述的农业。现代农业应具备田园化、机械化、专业化、规模化、科学化等基本特征。农业现代化就是实现大地园林化、操作机械化、农田水利化、品种良种化、栽培科学化、饲养标准化和农业产业化。可以概括为五个方面的内容：一是用现代工业装备农业，打破小生产的自然农业的局面；二是用现代科学技术武装农业，逐步提高生产技术；三是吸引掌握现代科学技术知识的劳动者从事农业，使劳动技能和创造力大为提高；四是在充分认识和掌握自然规律的基础上，比较合理地利用自然资源，不断挖掘土地和气候资源的增产潜力；五是采用现代化的经营体系管理农业，实行专业化、商品化、社会化生产，充分发挥人类智慧的能动作用和物质条件作用。

2. 生态农业建设的主要内容

通过调查统计掌握生态与经济的基本情况，进行农业生态经济系统诊断和分析，进而进行生态农业区划和农业生态系统的工程优化设计。生态农业建设主要包括：调整土地利用结构和农业经济结构；优先保护农业生态环境，建设生态工程，合理利用与增值农业资源，改善农业生态环境；按照生态学原理和农业生态工程方法，从当地资源与生态环境实际出发，设计与实施适宜的生态农业模式；发展太阳能、小型水利水电、风力发电、沼气等清洁能源；使农业废弃物资源化，对其进行多层次综合、循环利用，实现无污染的清洁生产；对农业生态经济系统进行科学调控，实行现代集约化经营管理等。

3. 采用现代工业，现代科学技术和现代管理方法

设施农业属于高投入高产出，资金、技术、劳动力密集型的产业。它利用人工建造的设施使传统农业逐步摆脱自然的束缚，是传统农业走向现代工厂化农业生产的必由之路，也是农产品打破传统农业的季节性，实现农产品的反季节上市，进一步满足多元化、多层次消费需求的有效方法。设施农业是个综合概念，要有一个配套的技术体系做支撑，还必须能产生效益。这就要求设施设备、选用的品种和管理技术等紧密联系在一起。设施农业是个新的生产技术体系，它采用必要的设施设备，同时选择适宜的作物品种和相应的栽培技术。

本 章 小 结

现代化经济运行系统的内涵，包括三个层面，即企业、区域和社会。可以说是

循环经济创立了人类社会经济系统与自然生态系统和谐共生的基本范式。因此，我们认为低碳循环经济并非仅属于应用经济学和系统工程的领域，也是集生态经济学、产业经济学，人口、资源与环境经济学等交叉学科（群）的综合研究范畴。

当今社会，能源、环境可持续发展的理念正在全球范围内普及，包括城市低碳交通、生态建筑等低碳建设系统也得到推广，这使我们的生活方式、生产方式面临又一次巨变。低碳经济是人类为应对全球气候变暖提出的。低碳经济范式是以低能耗、低污染、低排放为基础的经济模式，是人类社会继农业文明、工业文明之后的又一次重大革命。

低碳经济实质是高能源利用效率和清洁能源结构问题，核心是能源技术创新、制度创新和人类生存发展观念的根本性转变。低碳经济发展是对现代世界经济运行的深刻反思，是一场涉及生产模式、生活方式、价值观念和国家权益的全球性能源经济革命。

思 考 题

1. 为什么说发展低碳经济是一种倡导与环境和谐共处的经济发展范式？

2. 请阐述循环经济的理论基础和相关概念。

3. 为什么说低碳经济是一场涉及生产模式、生活方式、价值观念和国家权益的全球性能源经济革命？

4. 现代生态农业的模式有哪些？

发展与探索篇

第四章　世界能源结构及能源产业优化

世界能源消费结构正发生变化，石油、煤炭所占比例缓慢下降，天然气的比例上升，同时，核能、风能、水力、地热能等其他形式的新能源逐渐被开发和利用，形成了目前以化石燃料为主，可再生能源、新能源并存的能源结构格局。

第一节　世界能源结构的构成

根据国际能源机构的研究，在人类各项活动产生的温室气体中，能源生产与消耗环节的温室气体排放量的比例高达83％。因此，能源问题是降低碳排放的关键，减少能源生产与消耗环节的温室气体排放是重中之重。

世界低碳经济的将是能源利用多元化、高效化与清洁化的经济模式。本节从能源结构出发，说明传统能源、新能源及其利用情形和趋势。

一、世界能源结构分类

1. 一次能源

一次能源可以进一步分为可再生能源和不可再生能源两大类。可再生能源包括太阳能、水力、风力、生物质能、波浪能、潮汐能、海洋温差能等，它们在自然界可以自我恢复。不可再生能源包括煤、原油、天然气、页岩气、核能等，它们是不能再生的。

2. 二次能源

二次能源是指一次能源经过加工转换后得到的能源，如电力、蒸汽、煤气、汽油、柴油、重油、液化石油气、酒精、沼气、氢气和焦炭等。在生产过程中排出的余能，如高温烟气、高温物料热，排放的可燃气和有压流体等，亦属二次能源。一次能源无论经过几次转换所得到的另一种能源，统称为二次能源。

3. 传统能源

传统能源是指已能大规模生产和广泛利用的一次能源，即常规能源，如煤炭、石油、天然气，它们是促进社会进步和文明发展的主要能源。

4. 新能源

新能源是指传统能源之外的各种能源。这些能源都是直接或者间接地来自太阳或地球内部，如太阳能、风能、生物质能、地热能、水能和海洋能，以及由可再生能源衍生出来的生物燃料和氢所产生的能量。

新能源包括：①风能，地球表面大量空气流动所产生的动能。②海洋能，依附在海水中的可再生能源。海洋通过各种物理过程接收、储存和散发的能量。③潮汐能，以位能形态出现的海洋能。海水涨落的潮汐现象是由地球和天体运动及它们之间的相互作用而引起的。④生物质能，生物质是通过光合作用而形成的各种有机体，包括所有的动植物和微生物。而生物质能，就是太阳能以化学能形式贮存在生物质中的能量形式，即以生物质为载体的能量。⑤太阳能，一般是指太阳光的辐射能量，狭义的太阳能则限于光热能、光电能和光化学能。⑥可燃冰（天然气水合物），天然气与水在高压低温条件下形成的类冰状结晶物质。⑦地热能，由地球内部释放出的热能。⑧核能（原子能），原子核结构发生变化时放出的能量。

世界能源结构的分类如图 4 - 1 所示。

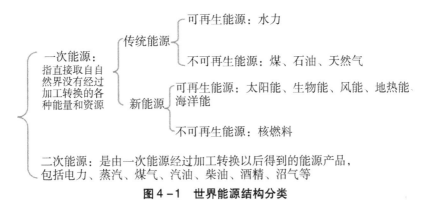

图 4 - 1 世界能源结构分类

资料来源：中国节能网。

核能释放通常有两种方法：重原子分裂成两个或多个较轻原子核，产生链式反应，释放巨大能量，称为核裂变能，如原子弹爆炸；两个较轻原子核聚合成一个较重的原子核，释放巨大的能量，称为核聚变能，如氢弹爆炸。太阳内部在氢聚变、氦原子核反应核聚变过程中，会不停地释放出巨大的能量，不断地向宇宙空间辐射，这些辐射就是太阳所负载的能量，阳光照射到地面的辐射包括太阳的直接辐射和天空散射辐射。

太阳能的利用方式主要有：光伏（太阳能电池）发电系统，将太阳能直接转换为电能；太阳能聚热系统，利用太阳的热能产生电能；被动式太阳房；太阳能热水系统；太阳能取暖和制冷。

二、世界能源资源结构分布

原油分布总体上极端不平衡。从东西半球来看，约 3/4 的石油资源集中于东半球，西半球仅占 1/4。从南北半球看，石油资源主要集中于北半球。从纬度分布看，主要集中在北纬 20°—40° 和北纬 50°—70° 两个纬度带内。波斯湾及墨西哥湾两大油区和北非油田均处于北纬 20°—40° 内，该纬度带集中了 51.3% 的世界石油储量；北纬 50°—70° 纬度带内有著名的北海油田、俄罗斯伏尔加油田及西伯利亚油田和阿拉斯加湾油区。

核能资源。在世界总发电量中，核电占 16%。1986 年世界铀矿总储量为 3.972×10^6 t，其中，北美储量占 20.4%，拉美储量占 7.5%，西欧储量为占 8.1%，非洲储量占 30.8%，亚洲储量占 25%。西方 90% 的铀矿资源集中在澳大利亚、南非、尼日尔、加拿大、美国、巴西、纳米比亚、法国等 8 个国家和地区。据 1987 年底统计，澳大利亚铀矿资源最多，其次是南非、尼日尔、巴西、加拿大、美国。核能工业是资金密集型工业，需要大量投资，也是高技术型工业。目前这项技术还不成熟，大有改进的余地，核电的可利用率和安全性正在加强，开发潜力很大。

生物质能。生物质能是太阳能以化学能形式储存在生物质中的能量。生物质能资源丰富，分布广泛，是清洁生产、可再生能源，并能永续利用，是符合可持续发展的第四大能源之一。生物质资源包括：农作物秸秆和农业加工剩余物、薪材及林业加工剩余物、禽畜粪便、工业有机废水和废渣、城市生活垃圾和能源植物。

我国的可再生能源资源很丰富。虽然可再生能源成本较高，但相当一部分已经商业化。例如，太阳能热水器、农村的小沼气得到普遍运用；水电、部分发展较好的风电（如新疆塔里木的风电）等非常有竞争力；我国每年所利用的农作物秸秆等生物质能，折合标准煤约 3×10^8 t（如按每年的商品能源消费总量是 3×10^9 t，生物质能占了 10%）。这些已经商业化的可再生能源可以进一步推广。太阳能光伏发电、光热发电两种技术现在都在运用。

我国有丰富的清洁能源，种类包括水力、风能、太阳能、潮汐能、生物质能、可燃冰。重点支持开发的低碳技术包括：节能和提高能效技术；可再生能源、新能源、核能技术；煤、油气、煤层气清洁高效开发利用技术；二氧化碳捕获和封存技术、生物固碳技术；农业和土地利用。目前，我国水力、核电、风能、太阳能、生物质能产业均实现了高速增长，如风力发电装机容量连续 3 年实现翻倍增长，总装机容量目前已居世界第一位，太阳能发电总量居世界第一位，太阳能光伏产业，也实现了高速增长。

我国海岸线曲折漫长。北起中朝交界的鸭绿江口，南达中越相交的北仑河口，大陆岸线长超 18000 km（加上 6500 多个海岛的岸线，岸线长度超过 32000 km）。以杭州湾为界，以北主要是平原型海岸（除辽东半岛、山东半岛外），由厚而松散的粉砂或淤泥组成，岸线平直，潮差较小；以南主要为基岩港湾形海岸，岸线曲折，海岸坡度陡，水深潮大，有优良的潮汐发电坝址。据对全国开发装机容量 200 kW 以上的 424 处港湾坝址的调查资料，我国的潮汐能蕴藏量为 1.1×10^8 kW。我国海洋能成为"十三五"战略性新兴产业规划中新能源产业的重要组成部分。

三、我国能源资源概况

（一）我国石油资源分布

在渤海湾、松辽、塔里木、鄂尔多斯、准噶尔、珠江口、柴达木和东海大陆架八大盆地，可采资源量为 1.72×10^{10} t，占全国的 81.13%。从资源深度分布看，我国石油可采资源有 80% 集中分布在浅层（小于 2000 m）和中深层（2000～3500 m），而深层（3500～4500 m）和超深层（大于 4500 m）分布较少。从地理环境分布看，我国石油可采资源有 76% 分布在平原、浅海、戈壁和沙漠。从资源品位看，我国石油可采资源中优质资源占 63%，低渗透资源占 28%，重油占 9%。

（二）我国风能资源分布

中国 10 m 高度层的风能资源总储量为 3.226×10^{9} kW，其中实际可开发利用的风能资源储量为 2.53×10^{8} kW。东南沿海及其附近岛屿、新疆北部、内蒙古、甘肃北部、黑龙江、吉林东部、河北北部及辽东半岛是风能资源丰富地区。

（三）我国地热能资源分布

地热能资源几乎遍及全国各地。多数属中低温地热能资源，主要分布在福建、广东、湖南、湖北、山东、辽宁等省。中国 4×10^{6} km^2 的沉积盆地的地热能资源也比较丰富，但差别十分明显，除青藏高原外，总的来说盆地的地热能梯度由东向西逐渐变小。

（四）我国天然气资源探明保有储量地区分布

中国天然气分布较广，但主要集中在中部和北部含油区。按探明储量统计，北部区占 8.2%，中部区占 84.3%，南方区占 2%，西南区占 1.9%，海域区占 3.6%。按预测资源总量统计，中部区最多，占一半以上，海域区占 8.4%～21.8%，北部区占 10% 以上，西南区和南方区相对较少。总体来说，陆上天然气资源主要分布在四川、陕甘宁和新疆南部，海上天然气资源集中在琼东海和东海。松辽盆地和渤海湾盆地是我国油田伴生气的主要产区，四川盆地是我国气层气主要产区，鄂尔多斯盆地是煤油气共生的沉积盆地，塔里木盆地有望成为中国重要的天然气、凝析油产区，柴达木盆地是我国最大的第四纪生物气产区，而沿海大陆架（不包括渤海）不仅是找油远景区，而且是重要的天然气普查区。

第二节　世界能源消费的趋势

一、积极寻找新资源，增加能源资源储量

石油、煤炭、天然气、核能等能源资源的已探明的储量比较丰富。随着科研、开发技术的不断进步及勘探投资的增加，积极寻找新的资源，各种能源资源储量也会不断增加。同时应加强节能工作，在短期内节能作用产生的储备量很可能比全部非常规能源供给的总和还要大。

在以后的几十年内，石油、煤、天然气、核能等一次能源仍是世界能源供应的支柱。水能作为辅助能源目前开发程度较低，但今后开发潜力很大。在更远的将来，太阳能、风能等将会成为替代的新能源。

二、世界能源消费量持续增长

过去受经济发展和人口增长的影响，世界一次能源消费量不断增加。随着世界经济规模的不断增大，世界能源消费量持续增长。1860 年，煤炭在世界一次能源消费结构中占 24%，1920 年上升为 62%。1965 年，石油首次取代煤炭占据首位，世界进入了"石油时代"。

过去世界不同国家碳排放量情况为：1750—1950 年发达国家排放的二氧化碳占世界总排放量的 95%；1950—2002 年，发达国家排放的二氧化碳占世界总量的 77%；发展中国家历史排放量少，人均排放量低。1973 年世界一次能源消费量仅为 57.3×10^9 t 油当量，2003 年已达到 9.74×10^9 t 油当量。1979 年，世界能源消费结构的比重是：石油占 54%，天然气和煤炭各占 18%，油、气占比之和高达 72%。北美能源消费占世界的比例由 1973 年的 35.1% 下降到 2003 年的 28.0%，欧洲地区则由 1973 年的 42.8% 下降到 2003 年的 29.9%。经济合作与发展组织成员国能源消费占世界的比例由 1973 年的 68.0% 下降到 2003 年的 55.4%。其主要原因，一是发达国家的经济发展已进入到后工业化阶段，经济向低能耗、高产出的产业结构发展，高能耗的制造业逐步转移到发展中国家；二是发达国家高度重视节能与提高能源使用效率。

过去 30 年来，北美洲、中南美洲、欧洲、中东、非洲及亚太等六大地区的能源消费总量均有所增加，但是经济、科技与社会比较发达的北美洲和欧洲两大地区的增长速度非常缓慢，其能源消费量占世界总消费量的比例也逐年下降。

三、形成以化石燃料为主，可再生能源、新能源并存的能源结构格局

石油、煤炭所占比例缓慢下降，天然气所占比例上升，同时，核能、风能、水力、地热能等其他形式的新能源逐渐被开发和利用，形成了目前以化石燃料为主，

可再生能源、新能源并存的能源结构格局。

化石能源仍是世界的主要能源，2003 年在世界一次能源供应中约占 87.7%，其中，石油占 37.3%、煤炭占 26.5%、天然气占 23.9%。非化石能源和可再生能源虽然增长很快，但仍保持较低的比例，约为 12.3%。

水电集中在加拿大、美国和俄罗斯，约占世界水电总量的 40%。近些年，巴西、中国、印度、墨西哥和美国等的水电发展也相当迅速。据专家估计，到 21 世纪 30 年代，全球的水电装机总量将达到 1.8×10^9 kW，即占可供开发利用的水力资源总量的 80% 上下，每年可望发出 8×10^{12} kW·h 电。

俄罗斯由于天然气资源丰富，其天然气消费占一次能源消费比例高达 57%；中国的煤炭消费比例最高，达 70% 左右；巴西的水电消费占一次能源的比例达到 39%。发达国家油气消费占比仍然较高，法国的石油天然气占一次能源消费的 51%，核能所占比例高达 39%。除法国外，经济合作与发展组织成员国家石油天然气占一次能源消费的比例超过 60%。

第三节　世界能源产业结构优化

一、新能源开发重点——风能

太阳光照射大气层，使之升温，又由于地球的自转和公转（地面附近各处受热不均，形成温差），引起空气流动，空气在水平方向上的流动就形成了风。

我国是世界上最早利用风能的国家之一，利用风力提水、灌溉、磨面、舂米，用风帆推动船舶前进。宋代更是我国应用风车的全盛时代，当时流行的垂直轴风车，一直沿用至今。风车于 13 世纪传至欧洲，14 世纪时已成为欧洲不可缺少的原动机。在荷兰，风车先用于莱茵河三角洲湖地和低湿地的汲水，后又用于榨油和锯木。蒸汽机出现使欧洲风车数量急剧下降。

20 世纪下半叶时，为了解决农村、牧场的生活、灌溉和牲畜用水及节约能源，风力泵水机有了很大的发展。现代风力泵水机根据用途可分为两类：①高扬程小流量的风力泵水机，它与活塞泵相配，提取深井地下水，主要用于灌溉草原、牧场，为人畜提供饮水；②低扬程大流量的风力泵水机，它与螺旋泵相配，提取河水、湖水和海水，主要用于农田灌溉、水产养殖或制盐。

利用风力机将风能转化为电能、热能、机械能等各种形式的能量，用于发电、提水、助航、制冷和制热等。风力发电通常有 3 种运行方式：①独立运行方式，通常是一台小型风力发电机向一户或几户提供电力，利用蓄电池蓄能，以保证无风时的用电；②互补运行方式，风力发电与其他发电方式相结合，向一个单位或一个村庄供电；③并网运行方式，风力发电并入常规电网，向大电网提供电力。

风电是世界上发展最快的清洁能源。21 世纪初，全球的风电新增装机量达到

40.5 GW，全球的风电累计装机量达到 237 GW，装机量同比增长 21%。

相关报告数据表明，2011 年美国和加拿大分别新增风电装机量 6.8 GW 和 1.3 GW，美洲国家新增风电装机量占全球 22.9%。亚洲国家发展更为迅猛，包括经济合作与发展组织亚洲地区成员在内的亚洲国家截至 2011 年底累计风电装机量达到 85 GW，相比 2010 年 65 GW 的水平增长了 30.8%。其中中国 2011 年新增风电装机容量 17.6 GW，印度新增 3 GW，亚洲地区国家新增风电装机容量占全球 52.1%。中国、美国、德国、西班牙四大风电大国的累计风机装机容量接近全球累计风电装机总容量的 70%。

21 世纪初，亚洲市场无疑成为世界风电能源的最大市场。受到中国与印度市场的拉动，新增装机量超出全球新增的一半，接近欧洲的 2 倍，是北美的 3 倍以上，新增装机量稳居全球第一。印度也因为一系列利好政策的出台，出现了风电的爆发性发展，新增装机量达 2139 MW，累计装机量达 12.96 GW。在亚洲地区，紧随其后的是日本、韩国，新增装机量分别为 221 MW 和 31 MW，累计量达到 2429 MW 和 342 MW。

风力发电并入常规电网运行，向大电网提供电力，常常是一处风场装几十台甚至几百台风力发电机，这是风力发电的主要发展方向。风力发电的优点是：风能是非常清洁的能源，它在转换成电能的过程中，基本上没有污染排放，所以它几乎不对环境产生任何污染；风能又是可再生的，风力发电不需要消耗宝贵的不可再生资源，其能源可以说是取之不尽、用之不竭的；在所有清洁能源中，风力发电技术也较为成熟，风力机组正在向大型化发展，单机容量达数兆瓦，风电价成本也下降较快；风电与火电、水电及核电相比，建设周期短、见效快。

二、新能源开发利用——海洋能

海洋能来源于太阳辐射能与天体间的万有引力，只要太阳、月球等天体与地球共存，这种能源就会再生，就会取之不尽，用之不竭。海洋能在海洋总水体中的蕴藏量巨大，而单位体积、单位面积、单位长度所拥有的能量较小，这就是说要想得到大能量，就得从大量的海水中获得。较稳定的海洋能有温度差能、盐度差能和海流能。不稳定能源分为变化有规律与变化无规律两种，不稳定但变化有规律的海洋能有潮汐能与潮流能，不稳定又无规律的是波浪能。海洋能属于清洁能源，其本身对环境的影响很小。

海洋能指蕴藏于海水中的各种可再生能源，包括潮汐能、波浪能、海流能、海水温差能、海水盐度差能等。这些能源都具有可再生性和不污染环境等优点。估计全球海水温差能的可利用功率温差能达 10^{10} kW，潮汐能、波浪能、海流能及海水盐差能等可再生功率达 10^9 kW。海洋能运行的特点如图 4-2 所示。

图 4-2　海洋能运行特点

资料来源：中国节能网。

　　受到月球、太阳等天体引力作用，海水周期性涨落，水体形成的势能和潮水的动能就是潮汐能。潮汐能发电与水力发电的原理和组成基本相同。潮汐能是取之不竭的可再生资源，潮汐能的来源有规律可循，开发规模大小均可。我国是世界上建造潮汐电站最多的国家，先后建造了几十座潮汐电站，但出于各种原因，目前只有 8 个电站在正常运行发电，总装机容量为 6000 kW，年发电量超 10^7 kW·h，仅次于法国、加拿大。潮汐能是一种清洁、不污染环境、不影响生态平衡的可再生能源。它是一种相对稳定的可靠能源，很少受气候、水文等自然因素的影响，全年总发电量稳定。

　　潮汐电站不需淹没大量农田构成水库，因此，不存在人口迁移、淹没农田等复杂问题。总而言之，潮汐电站不需筑高水坝，即使发生战争或地震等自然灾害，水坝受到破坏，也不至于给下游城市、农田、人民生命财产等带来严重灾害。潮汐能开发一次能源和二次能源相结合，不用燃料，不受一次能源价格的影响，而且运行费用低，是一种经济能源。美中不足的是潮差和水头在每一日内都会经常变化，在无特殊调节措施时，有间歇性，可能给用户带来不便。

　　大气层和海洋在相互影响的过程中，在风和海水重力作用下形成永不停息、周期性上下波动的波浪，这种波浪具有一定的动能和势能。海流亦称洋流，是海洋中的海水沿某一个方向不断流动所产生的海流动力。海流能的主要用途是发电，它的发电原理就是利用海流的冲击力使水轮机高速旋转，再带动发电机发电。温差能是深部海水与表面海水的温度差产生的能量。温差能的主要利用方式为发电。当陆地淡水河流入海洋咸水区时，咸淡水混合就会形成盐度差和较高的渗透压力，在两种水体的接触面上会产生一种物理化学能，即盐差能。

三、新能源开发利用——太阳能

　　我国蕴藏着丰富的太阳能资源。我国太阳能产业规模已位居世界第一，是全球太阳能热水器生产量和使用量最大的国家，也是重要的太阳能光伏电池生产国。我国利用太阳能的方式大多是太阳能光热转换和光电转换。太阳能光热转换是指将太阳光直接或通过聚光照射于集热器，使光能直接转化为热能，目前主要用于太阳能热水器和太阳热能发电。太阳能的光电转换是指太阳的辐射能光子通过半导体的光伏效应原理进行光电转换，通常叫作"光生伏打效应"，太阳能电池就是利用这种效应制成的。

四、核能发电

核能发电是实现低碳化发电的一种重要方式，它利用核反应堆中核裂变所释放出的热能进行发电。它与火力发电极其相似，只是以核反应堆及蒸汽发生器来代替火力发电的锅炉，以核裂变能代替矿物燃料的化学能。除沸水堆外，其他类型的动力堆都是一回路的冷却剂"堆芯"加热，在蒸汽发生器中将热量传给二回路或三回路的水，然后形成蒸汽推动汽轮发电机。沸水堆则是一回路的冷却剂："堆芯"加热变成70个大气压左右的饱和蒸汽，经汽水分离并干燥后直接推动汽轮发电机。随着世界科学技术的不断发展，核能的应用性技术领域正在多方面拓展，如图4-3所示。

工业、农业、医学上的核能	科学中的核能
· 长寿命的核电池（心脏起搏器核电池）	· 核动力飞船
· 木材的塑化加工（使木材表面光滑，能防火）	· 核火箭
· 食品保鲜（杀菌灭虫）	

图4-3 核能应用性技术拓展领域

资料来源：中国能源网。

国际原子能机构2011年1月公布的数据显示，全球正在运行的核电机组共442座，核电发电量约占全球发电总量的16%。核能发电利用铀燃料进行核分裂连锁反应所产生的热，将水加热至高温高压状态，核反应所放出的热量较燃烧化石燃料所放出的能量要高很多，而所需要的燃料体积与火力电厂相比少很多。

第四节 绿色能源的开发与利用

绿色能源是相对于传统能源而言的，它是指正在研发或开发利用时间不长的一些能源形式，如太阳能、地热能、风能、海洋能、生物质能和核能等低碳能源类型。要节能减排，绿色能源的构建是必然选择，寻求新能源替代化石能源日益迫切。过去 30 年来，世界能源消费量年均增长率在 1.8% 左右。

世界能源消费呈现不同的增长情形，发达国家增长速率明显低于发展中国家。BP 公司 2010 年世界能源年度统计报告显示，至 2009 年底探明的石油储藏量为 13331 亿桶，包括加拿大正在积极开发的油砂和委内瑞拉上调的储量。全球储藏量可满足（按 2009 年生产量）开采 45.7 年。按照同样的基准，天然气储量可开采 62.8 年，煤炭为 119 年。

一、绿色能源开发的必然趋势

从长期来看，国内能源供应将面临潜在的总量短缺，尤其是石油、天然气供应将面临结构性短缺，严重的话，能源有可能再次成为制约经济发展的"瓶颈"。由于人口基数巨大，中国人均能源资源占有量远比世界平均值要低。人均煤炭占有量仅约为世界人均水平的 1/2，石油仅约 1/10，天然气约 1/20。

（一）资源约束突出，能源效率偏低

我国优质能源资源相对不足，制约了供应能力的提高；能源资源分布不均，增加了持续稳定供应的难度；经济增长方式粗放、能源结构不合理、能源技术装备水平低和管理水平相对落后，导致单位 GDP 能耗和主要耗能产品能耗高于主要能源消费国家平均水平，进一步加剧了能源供需矛盾。单纯依靠增加能源供应，难以满足持续增长的消费需求。

（二）市场体系有待完善，应急能力有待加强

我国能源市场体系有待完善，能源价格机制未能完全反映资源稀缺程度、供求关系和环境成本。能源资源勘探开发秩序有待进一步规范，能源监管体制尚待健全。煤矿生产安全体系有待完善，电网结构不够合理，石油储备能力不足，有效应对能源供应中断和重大突发事件的预警应急体系有待进一步完善和加强。

二、构建与优化绿色能源体系

应建立新能源技术自主创新的基本体制构架，形成以企业和科研机构为主体，以市场为导向，产、学、研相结合的技术创新体系；选准新能源技术的研究、开发和利用方向和重点。我国新能源技术优先发展的领域是风能、太阳能、生物质能，还有核能。

政府要在直接增加可再生能源投资的同时改革投融资体制，实现新能源投资主体的多元化，允许民间资本进入新能源开发领域，并积极吸引国外资本参与我国新能源开发；可借鉴国外经验，建立新能源基金制度，其使用方向主要为可再生能源项目开发、商业发展、产品和设备安装等。

新能源是我国能源战略的重要组成部分，在满足能源需求、改善能源结构、减

少环境污染、促进经济发展等方面发挥了重要作用，但从总体上讲，我国新能源发展还是初步的，还有一些制约新能源开发利用的瓶颈需要突破。

为加快我国新能源产业的研发，中央和地方政府对新能源相关产业实行了一些补贴政策，收到了明显效果。增加公共财政支持新能源发展，建立新能源发展专项基金，通过对收入高、污染重的石油和煤炭等行业适当加税的方式筹建新能源专项基金，用以支持新能源技术的研发与推广。

各地发展低碳经济以使用新能源为基础。世界各地都把发展新能源作为能源战略的一个方向，这对我国来说是压力，是挑战，同时也是机遇。国家能源局发展规划司组织制订新能源产业振兴的规划。在新能源产业的各子行业中，风电将是未来的发展重点，太阳能利用受技术制约略滞后。新能源产业振兴规划纳入了核电开发利用的内容，核电发展有望加速。

新能源产业振兴规划的主要内容包括新能源建设目标和相关投入两大部分。新能源产业振兴规划可能会大大调高原有发展目标。到2020年，中国新能源发电装机量达到 2.9×10^8 kW，约占总装机容量的17%，其中，风电接近 1.5×10^8 kW，光伏发电装机量为 2×10^7 kW，生物质发电装机量将达到 3×10^7 kW。

本 章 小 结

在推动新一轮经济增长的过程中，推动战略性新兴产业加快发展，培育新的经济增长点是非常重要的环节，新能源产业是促进消费、增加投资、稳定出口的一个重要结合点，也是国家宏观调控政策的一个重要内容。

随着能源需求量的不断增加，不可再生能源储量却逐渐减少，能源危机不时闪现，世界已经进入"高油价时代"，能源安全问题成了许多国家面临的一大挑战。此外，大量使用石化能源造成环境污染，碳排放增加，引起全球气候变暖，使我们赖以生存的地球家园环境恶化，这是人类面临的另一重大挑战。

新能源造成的污染少，被誉为"清洁能源"或"绿色能源"。新能源中的太阳能等是取之不竭的可再生能源，对解决能源短缺和环境污染问题具有重要意义。

思 考 题

1. 根据能源结构分类，说明传统能源、新能源及其利用情形和发展趋势。
2. 相对于传统能源而言，低碳绿色能源具体是指什么样的能源形式？
3. 试说明中国新能源发展制约因素、改进措施。
4. 分析我国碳排放量现状、控制温室气体排放的目标分解。
5. 从我国国情出发，应该如何构建与优化绿色能源？

第五章　世界产业转移与结构调整

关于区域经济一体化①的现有研究成果表明，随着社会生产、分配和消费方式的结构性优化，以知识经济为基础的产业上升为世界的主导产业，这预示着一个新的经济时代——数字经济时代的到来。这些趋势不可避免地对各国产业结构产生重要影响。全面了解和把握世界产业结构的新格局和发展趋势，对各个国家、地区正确地制定产业结构调整战略具有积极意义。

我国产业的发展和结构的变化，将更多地取决于企业的投资行为、技术创新的速度和广度，以及城乡居民的收入水平和需求结构的变化，即我国产业发展和结构调整的方式，已不主要取决于行政和计划的安排，而更多地取决于市场机制。

第一节　低碳导向的产业转型升级

随着世界性经济发展和高新技术革命的产生，产业结构优化出现一系列新的趋势。这些趋势不可避免地对各国产业结构，尤其是发展中国家的产业结构调整产生重要影响。

一、经济结构低碳化，信息技术成为主导产业

知识密集型的高新技术产业成为新的经济增长点，信息技术产业成为支柱产业。

（一）经济知识化趋势，知识成为创造财富的资本

这主要表现在以下方面：①知识成为创造财富的资本；②技术密集、智力密集产业的就业比重显著上升；③知识消费的需求势头迅速上升。发达国家信息产业产值占国内生产总值的比重达40%～60%，新兴工业国的比重为20%～40%。

美国是世界上信息产业最发达的国家，自1990年，美国对以信息技术为主的高新技术产业的投资超过了对其他产业的投资，标志着它率先迈进知识经济时代。欧盟为了改变高技术领域竞争的不利地位，1993年在《经济增长、竞争和就业》白皮书中提出欧洲信息高速公路协议，拟定了欧洲信息网基础设施建设的具体计划。北

---

① 刘秉镰、杜传忠：《区域产业经济概论》，经济科学出版社，2010，第 202 页；石敏俊：《区域经济学》，中国人民大学出版社，2020，第 114—116 页；厉以宁、朱善利、罗来军、傅帅雄：《构建中国低碳经济学》，《人民日报》2015 年 4 月 22 日第 7 版。

欧诸国以信息产业为突破口，实现了 20 世纪 90 年代经济的持续增长，芬兰的诺基亚和瑞典的爱立信在全球移动电话领域分别排第一位和第三位。

东南亚信息产业的发展也引人注目。韩国曾明确提出跻身全球十大信息产业大国的目标，为此制订《2000 年信息化推进计划》，采取了一系列措施加快信息产业的发展。中国台湾的笔记本电脑、监视器、台式电脑、主机板等 14 项电脑产品产值均占世界第一，与信息技术相关的产业已成为其第一大出口产业，约占制成品出口的 50%。

（二）高新技术产业化发展加速

高技术产业的形成和发展需要传统产业为其提供材料、工艺、基础器件和设备等生产要素的支撑，高技术产业反过来也对传统产业产生极强的改造作用。

高新技术产业化发展，是指高新技术产业的兴起和通过高新技术产业加快对传统产业的改造。发达国家集中发展微电子、生物技术、新材料、电信、航空、机器人和机床、电脑及软件等高新技术，在此基础上，形成一大批成为国民经济增长主要动力的高新技术产业，也推动产业结构向高技术化发展。

劳动力结构智力化。进入 20 世纪 90 年代后，发达国家进入知识经济时代，劳动者智力化趋势更为明显，脑力劳动者在就业结构中的比重已占绝大多数。据经济合作与发展组织统计，20 世纪 80 年代末到 90 年代末的 10 年里，在制造业领域，其成员国的技术工人就业人数增加了 10%，而熟练工的就业人数减少了 70%；掌握一定高技术技能的高工资就业人数增加了 20%。但在过去，智力型的脑力劳动者比例不大。随着科技进步的加速和经济现代化水平的不断提高，从 20 世纪中叶开始，脑力劳动者的比重迅速提高，成为社会劳动的主力军。

二、全球产业开放度不断提高

随着全球经济一体化的发展，世界各国经济越来越紧密地联系在一起。

各国产业结构相互联系的程度超过以往任何时期，形成了世界经济产业结构大系统，出现产业结构互动这一重要经济现象，即各国产业结构都是世界产业结构大系统的组成部分。一国产业结构的成长、运行必然要与世界其他国家产业结构产生互动；或者说一国产业结构作为一个开放系统，在与其他国家产业结构的互动中成长运行。随着社会生产力和世界经济的发展，世界各国产业结构的开放日益深化。

产业结构的开放随着经济的对外开放和国际分工的深化而不断提高。①一国开放的产业结构意味着产业发展的市场空间不仅有国内市场，还有国际市场。②开放程度越高，对国际市场的依赖就越强。如一国要开拓国际市场就需要发展对外贸易，扩大出口；促使生产规模扩大，从而促进技术进步。③有的国家通过市场的开拓，使成熟的产业向国外扩散，延长了产业的生命周期。需提高劳动生产率，增强市场竞争力。④国家通过市场的开拓，加快了产业转换升级的进程。

要素的贡献主要来自资本、技术和信息三个方面。各国产业结构开放度的提高意味着国际生产专业化分工的深化。国际分工的发展必然促进产品（特别是原材料和中间产品）的进出口。进出口贸易发展又带动了新的需求，从而成为一国生产扩张的刺激因素。

第二节　世界产业结构转移的影响

在当代经济开放和结构开放的条件下，国际资本的流动已是世界经济发展的重要内容。第一，资本的流动是与技术的转让和引进相联系的，跨国公司对外直接投资通常伴随着技术转让；第二，经济相对落后的国家通过技术引进，改造现有产业，发展新兴产业；第三，使出口行业的竞争优势强化，以达到促进产业发展、调整产业结构的目的；第四，开放的经济还为产业发展提供了世界经济和市场的信息；第五，对各国确定产业的发展方向和加快产业结构的优化升级具有积极影响作用。

世界性产业结构的调整与经济全球化紧密结合在一起。历史上每次世界性产业结构调整都会波及和影响其他不同的国家和地区。众所周知，自20世纪60年代以来，世界性产业结构调整与转移大体出现了三次高潮。

一、世界第一次产业结构调整

20世纪60年代，在科技革命的推动下，美国、日本等发达国家大力发展钢铁、化工、汽车和机械等资本密集型工业。同时，发展部分高附加值的技术、资本密集型工业，如机器人、电子工业和航天工业等；把纺织、服装、制鞋等劳动密集型的轻纺工业和部分耗能大、污染大的重化工业转移到发展中国家，尤其是东亚地区。"亚洲四小龙"等获得了扩大劳动密集型产品加工与出口的良机，开始由进口替代型向出口导向型经济转变，后发展成为新兴工业化国家/地区。

20世纪70年代，两次石油危机诱发1973—1975年世界性经济危机，沉重打击了西方发达国家能耗高的重化工业，迫使发达国家加快产业结构调整步伐，开始发展以微电子技术为主的较少消耗资源与能源的知识和技术密集型产业。而此时又将汽车、钢铁、造船等资本密集型产业转移到新兴工业化国家和发展中国家，由此，发达国家提高了产业结构的水平。与此同时，"亚洲四小龙"等新兴的工业化国家或地区抓住国际经济提供的产业调整和转移的机遇，及时调整自身的产业结构，开始承接和引进美国、日本等发达国家转移进来的某些资本密集型产业，并将失去比较优势的劳动密集型产业转移到东盟国家等发展中国家，实现了其自身的产业结构升级。

二、世界第二次产业结构调整

20 世纪 80 年代以后，由于石油和初级产品价格大幅度下跌，国际经济遭受了强烈的冲击。发达国家之间贸易摩擦加剧，各国为了建立新的国际分工、国际贸易格局和与国际经济相协调的经济结构，出现了又一次世界性产业结构调整浪潮。这次产业结构的调整与转移有以下两个显著特点。

1. 发达国家和发展中国家之间的地区分工向纵深发展

①美国、日本等发达国家为了进一步推动产业结构的高级化，产业结构重心向高技术化、信息化和服务化方向发展。大力发展以微电子技术为中心的信息产业和以生物技术、新材料、新能源为主的高新技术产业，并以高新技术对传统产业进行改造。②把失去比较优势的传统产业和一部分低附加值的技术密集型产业，包括汽车、电子等产业转移到他国，特别是"亚洲四小龙"和东盟国家。③20 世纪 80 年代中期以来，"亚洲四小龙"已在钢铁、汽车、石化等领域与美国、日本展开激烈竞争，并已开始大量吸纳美国、日本的微电子等高科技和投资，同时也将劳动密集型产业和一部分资本技术密集型产业转移到东盟国家等，促进了这些国家经济发展和产业结构升级。

2. 产业之间垂直分工

产业之间的垂直分工是指劳动密集型轻纺工业、资本密集型重化工业及技术密集型工业之间的分工；而产业内部分工则是指各国在同一产业内产品的"差别化"分工和企业之间工序的分工，即中间产品与组装成品的分工。一般来说，技术含量高的关键部件和组装成品由发达国家的企业控制，大量的一般元器件由发展中国家的企业生产。如日本电子机械工业发达，但其中的软件技术仍要从美国等其他发达国家进口。

三、世界第三次产业结构调整

20 世纪 90 年代，随着知识经济在发达国家逐步成为现实的经济形态，全球经济系统面临国际分工的变迁，新一轮世界产业结构调整不可避免。

国际分工格局中出现"产品差别型分工"和"生产工序型分工"深化发展的新特点。三次产业对世界范围内生产总值的贡献率发生变化，如第三次产业中服务业在各个不同层次国家中，增加值的表现都有所提升。世界各国的国内生产总值与产业贡献率构成见表 5–1。

表5-1 世界各国国内生产总值与产业贡献率构成

国家和地区	农业增加值占国内生产总值比重/%		工业增加值占国内生产总值比重/%		服务业增加值占国内生产总值比重/%	
	2000 年	2011 年	2000 年	2011 年	2000 年	2011 年
世界	3.5	2.8	28.7	26.3	67.7	70.9
高收入国家	1.8	1.3	27.5	24.4	70.8	74.3
经合组织高收入国家	1.8	1.3	27.2	23.8	71.1	74.9
非经合组织高收入国家	2.0	1.6	34.4	40.8	63.2	57.6
中等收入国家	11.4	9.7	35.5	34.7	53.1	55.6
中等偏下收入国家	20.1	17.1	33.2	30.9	46.7	52.1
中等偏上收入国家	8.9	7.4	36.2	35.9	54.9	56.7
中低收入国家	12.0	10.0	35.1	34.4	52.9	55.5
东亚和太平洋地区	14.9	11.3	44.5	45.1	40.6	43.6
欧洲和中亚地区	10.7	7.2	34.5	32.3	54.7	60.6
拉丁美洲和加勒比地区	5.6	6.3	29.4	30.1	64.8	63.6
中东和北非地区	12.6	11.6	43.4	40.6	44.1	47.9
南亚地区	23.7	17.9	25.7	26.4	50.6	55.8
撒哈拉以南非洲地区	16.2	10.8	29.4	30.8	54.4	58.8
低收入国家	33.8	24.7	24.9	25.3	45.3	50.0
最不发达国家	32.2	22.7	24.0	28.3	43.8	48.9
重债贫穷国	30.6	22.7	24.0	28.3	43.8	48.9
中国	15.1	10.0	45.9	46.6	39.0	43.3

资料来源：据国际统计年鉴（2013）的数据研究整理。

总体上看，美国站在当今国际分工的顶尖位置，发挥在新技术、新产品领域的创新优势，主要从事高附加值产品的生产；日本和西欧等发达国家和地区则发挥其在应用技术开发领域中的优势，主要从事一般高附加值产品的生产；其他发展中国家和地区技术水平较低，主要从事附加值较低的一般工业产品生产。

第三节　全球化对产业经济的影响

作为世界产业结构大系统的组成部分，在经济全球化发展背景下，我国需要适应世界产业结构的发展趋势，规划好产业结构调整的思路。改革开放以来，推动我国经济40多年快速发展和加速增长的主要因素之一是市场机制的引入和不断强化。经济体制改革、产业组织变迁和政府经济政策的调整，已经成为我国解放社会生产力、推动经济发展的动力。因此，不断推进经济市场化是现阶段乃至今后很长一段历史时期我国经济发展的一个重要目标。

一、经济全球化的概念、特征

全球化一词最初是由经济学家莱维在 1985 年提出的。自从全球化一词被提出来后，它很快就在世界传播开来。全球化由经济领域逐步走向政治、文化领域，广义的全球化包括经济、政治和文化等方面。

经济全球化至少有以下三个方面的特征：①资源配置国际化。②服务国际化。它是经济全球化的核心，促进了商品、服务及资本市场的国际一体化，使资源在世界范围内得到有效配置。③跨国公司全球扩张。跨国公司的生产、管理、科研、融资、销售及售后服务等，都向本地化发展，使市场和竞争也趋向全球化。经济全球化带来新的国际分工，即劳动和资源密集型产业向发展中国家转移，少数发达国家实现技术和资本密集型产业的升级。

二、经济全球化将各国的相互依赖进一步增强

经济全球化增强了人类共同发展的全球意识，使相互妥协、相互协调、共同合作成为新时代的主旋律，也为解决日益增多的全球问题创造了条件。

经济全球化是一个过程，即在科技革命和生产国际化的推动下，各国经济都在走向开放，走向市场化。世界经济趋向于某种程度的一体化，各国经济相互依赖的程度大大提高。这一过程正在不断深入并给各国经济及世界总体带来深远的影响。

经济全球化对人类社会的积极影响主要是加速了生产要素在全球范围内的自由流动和优化配置，促进全球生产力的快速增长。经济全球化主要有两种表现：①经济学所谈论的"全球化"。这主要是指世界各地在生产、分配、消费等方面的经济活动的一体化趋势，表现为在生产、贸易、投资、金融等领域要素全球性的自由流动，或指生产要素配置与重组，以及世界各国经济彼此高度依赖和融合。②从生产关系角度来看，全球化就是资本主义的全球化或资本主义的全球扩张。由于各国、各地区经济依赖性日益加强，一国内部或地区的经济波动及其弊端往往会扩散到世界各地，造成"多米诺骨牌效应"，典型事例为 1997—1998 年亚洲金融危机。在经济全球化的进程中，总体上发达国家处于优势地位，发展中国家处于劣势地位。

经济全球化不是免费搭乘的顺风船，对发展中国家和发达国家来说都是机遇与挑战并存。当今世界，经济全球化与反经济全球化并存。它们相互依存、相互渗透、相互影响、相互斗争、相反相成。

三、经济全球化对中国的影响

全球化给我国经济发展带来了难得的机遇，也带来了严峻的挑战。全球化的国际环境，以及在发达国家中出现的产业"空心化"和高技术产业向国际化发展的趋

势，为我国的高技术产业发展提供了有利条件。随着世界和平环境的发展，世界的主战场正从军事转向直接的经济争夺，国际市场竞争空前加剧，贸易保护主义更加盛行，从而给我国寻求发展机会带来重重困难，也使我国面临的挑战更加严峻。但总的来讲，国际形势对我国有利。

国内经济形势既存在有利的一面，也存在困难的一面。①有利的一面：在国家改革开放总方针的指引下，经济、科学、教育和政治体制的改革全面展开并已取得初步成效；确定了依靠科学技术发展经济的方针，将发展高技术产业纳入国策，并参加国际大循环；制订了"863计划"和以促进高新技术成果商品化、高新技术商品产业化、高新技术产业国际化为宗旨的"火炬计划"，并开始组织实施国家重大新产品试生产计划。这些都是政府为改善国家宏观管理环境所做的努力。②不利的一面：由于政策不配套，新旧体制转换造成许多"空白带"等，各种改革未能根本触动社会深层结构的变化；计划、法令、政策和措施在推行中遇到种种困难，尚没有真正形成占领高技术产业发展高地的宏观环境。我国经济、科学、教育和工业基础等社会支撑结构方面还有待改善。

四、全面深化改革经济体制亟须解决的问题

虽然我国经济发展很快，但人均国民生产总值还有待提高，人民生活富裕程度还有提升空间；许多经济关系尚未理顺，社会主义市场经济需要进一步并入健康发展的轨道。这两个问题是互相影响、互相关联的，它们的存在势必会在一个相当长的时期内影响我国的投资环境、市场和企业活力。

1. 产业发展存在的问题

企业数量虽多，但其组织结构不甚合理。基础产业同高技术产业之间的联系十分薄弱。虽有少数大企业有先进的设备，但大量传统产业的中小型企业装备陈旧、技术落后、开发能力差、产品质量不高、效益低，在国际市场上缺乏竞争力。由于市场经济尚未充分发展，市场不发达，抑制了企业开展经营活动的活力，以及采用新技术生产新产品的动力和进行技术开发的能力，企业难以承担高技术产业发展主体的角色。

2. 微观经济环境层面

由于各个地区自然条件、地理位置等各不相同，再加上我国的地区发展极不平衡，虽然各地政府均十分热衷于创办高新技术开发区，但全国各地已有的高新技术开发区所提供的微观环境不尽相同。部分高新技术开发区由于条件有限，其微观环境并不理想。少数地区由于条件比较成熟，形成了一些有利于高技术产业发展的区域环境，即具有优势的微观环境。

总而言之，从各国产业结构调整的经验看，顺应世界潮流，选准产业结构调整的方向，及时实施战略性产业结构调整是一国经济保持增长的关键。例如，美国在第三次产业结构调整中，抓住主动权，发展以信息技术为主的高新技术产业，在国

际分工中处于顶尖的位置，并出现被经济学界称为"新经济"的现象；日本抓住第一次世界产业结构调整的机会，一跃成为当时世界第二大经济强国；"亚洲四小龙"抓住第一次、第二次世界产业结构调整的机会，发展为新兴工业化国家或地区，并不断实现产业结构升级。

第四节　产业升级与结构调整机理

进入20世纪90年代以来，我国产业发展和结构调整出现了一系列新的情况和特点，产业结构调整的目标和任务也出现了新的变化和要求。这些新情况和特点、新变化和要求，作为新的发展现象，必将对我国今后产业的发展产生极大的影响。正确认识并把握这些新的发展现象，对推动我国产业的进一步发展，有着十分重要的意义。

一、我国产业结构发展现状与市场化调整

（一）我国产业结构发展现状

新的重化工业阶段特征初步显现，产业结构失衡问题短期内尤为突出。

从产业关联的角度看，住房、汽车是终端产业，重化工业是中间产业，能源、运输是基础产业，相互间环环相扣，缺一不可。房地产和汽车工业的快速发展，必然对钢铁、水泥、有色金属、石化、机械装备等重化工业产生巨大需求，打破终端产业和中间产业原有的供求平衡。重化工业的加快发展也必然对煤电油运，产生巨大需求，并打破中间产业和基础产业之间原有的供求平衡。相对贫瘠的自然资源无法支撑资源浪费的重化工业发展。粗放型的增长、低水平投资及经济增速的加快，对投资和物质投入的依赖加大，已超出经济承受能力，某些行业的过热增长使"资源瓶颈"制约加剧。

中国经济正在进入重化工业发挥特殊且重要作用的阶段，新的重化工业阶段特征表现为重工业比重的上升，且有更深的内涵。作为高增长产业群龙头产业的住宅和汽车产业，近年来其产品80%～90%由居民个人购买。住宅、汽车是国民经济中带动力最强的行业，这两个产业在经济增长中龙头或主导地位的确立，将为我国在今后相当长一个时期保持较快的增长速度搭建基础平台。民营资本开始进入重化工业，为重化工业的大发展带来新的活力。新的重工业化与日本、美国当时所处的重工业化阶段存在不同。

（二）我国产业结构发展市场化调整

我国经济运行的方式发生了根本性的变化。1992年以来，我国社会主义市场经济体制逐步建立和完善。由于投资主体的多元化，政府对各类投资主体投资行为的

行政约束力弱化，因而必须转向主要依靠经济手段进行引导；价格体系基本理顺，价格形成机制已基本市场化，使价格信号成为调节供求关系的重要杠杆；随着非国有经济的迅速发展和国企改革的不断深化，企业生产什么、不生产什么及生产多少，已主要由市场供求关系来决定。

我国产业的进一步发展将面临日益加剧的国际竞争的压力。随着产业的发展和工业化水平的提高，我国在技术、劳动力与资源成本等方面与其他国家的差异在逐步缩小，逐渐丧失过去发展所依赖的比较优势。当前我国产业发展所面临的国际竞争不仅存在于国际市场，也存在于国内市场。产业发展所面临的国际竞争不仅是商品的竞争，更重要的是技术、质量和效率的竞争。

20世纪90年代以来，我国经济进入产业结构升级和经济高速增长的时期。根据各发达国家工业化的一般经验，在工业化高度发展阶段，资本和技术密集型的高加工工业将成为经济发展的支柱或主导产业。我们在选择战略产业时，既要选择能带动结构高级化的主导产业，又要选择在新的结构下与技术水平和人们的消费需求相适应的能支撑经济长期发展的支柱产业，为国民经济发展培育新的增长点和支撑点。

二、选择能带动结构高级化、高质量发展的主导产业

（一）积极扶持和推进微电子、信息等主导产业

1. 信息革命是人类历史上最伟大的技术革命之一

信息技术的发展带动了一系列技术和产业的发展，并将从根本上改变整个社会和经济的运行方式及人们的生活方式。信息产业代表着我国未来产业结构升级的方向。从现在起，我们应该积极培育、扶持信息产业的发展，使之逐渐成为我国经济的新增长点及带动产业结构进一步升级的主导产业。

现代产业技术最突出的特征就是微电子技术的广泛应用。我们与工业化国家在技术上存在较大差距，并且差距仍在扩大。这一差距的实质就是机械技术体系与微电子技术体系之间的差距，主要表现为：微电子产品本身的制造、开发技术差距，利用微电子技术对各种开发过程和生产过程进行控制的自动化技术差距，与利用微电子技术改造传统产业相关的各种技术差距等。

（二）大力发展中国的高新技术产业

1. 我国高新技术产业发展的历程

"863计划"共确立了5个高技术研究开发领域的15个主题、94个专题、560多个课题。"火炬计划"在"863计划"的5个重点发展领域中，优先选择能出口创汇、替代进口、技术先进成熟、可批量生产、经济效益高、投入产出比在1∶5左右、利税大于25%、投产周期不超过3年的项目进行投资。国家级高新技术开发区

的建设是"火炬计划"的一个重要组成部分，也是我国高新技术产业化的主要途径。

2. 我国高新技术产业发展的现状

我国已有门类齐全的高新技术产业基础，取得了一批高技术研究成果；出现了一批效益比较好的高技术企业，一些高新技术产品打入了国际市场；组建了一批高技术企业集团，形成了明显的群体优势；建立或正在建立一批高新技术开发区或科学工业园区，为高新技术产业的发展提供了智力依托。我国积极推进科技兴贸战略，高新技术产品出口大幅增加。

3. 我国发展高新技术产业的意义

大力发展高新技术产业，可以大幅度提高我国的劳动生产率，减少资源消耗；利用高技术产业改造传统产业和基础产业，可以迅速提升我国的产业结构，推动经济协调稳定发展；大力发展高新技术产业，可以迅速提高我国企业的竞争力，增强综合国力。高技术产业的特点为：知识、技术密集，资金密集，风险性大，产品更新快，竞争性强，信息的作用大。

（三）将汽车工业作为战略产业加以扶持和发展

汽车工业是国际公认的能够带动整个经济迅速发展、最能代表一个国家工业水平的少数支柱产业之一。汽车工业的发展需要有钢铁、机械、有色金属、石化、玻璃、电子等许多产业配合，直接关系到国民经济的工业结构、运输结构、外贸结构、就业结构和消费结构。

发达国家和新兴工业国几乎都曾把汽车工业作为支柱产业，我国发展汽车工业的条件已成熟。因此，我们应把汽车工业作为战略产业加以扶持和发展，使之能在不久的将来成长为国民经济的支柱产业，以支撑我国国民经济的长时期快速发展。

三、重点调整、优化产业结构

（一）产业结构优化升级

在工业经济时代，高新技术产业起先导作用，除高新技术自身的产业化外，它还担负着改造传统产业和农村经济的任务。高新技术的先导作用，即通过提高投入生产要素的使用效率，推动劳动和资本向劳动生产率更高的产业转移，使第一产业的比重不断下降，第二产业的比重先上升后下降，第三产业的比重不断上升，直至实现工业化。

高新技术产业是提升产业结构、推动产业结构高级化的动力和主导力量。产业结构调整要有利于保持经济增长的稳定性，减少导致经济波动的结构性因素，并有利于加速经济运转，提高经济效益；要有利于改善供给对需求多层次、多样化结构的适应性和反应能力；要有利于经济增长由粗放型向集约型的转变，有利于降低消耗、提高效益。大力发展高新技术产业是未来产业结构调整的重中之重。

（二）产业结构调整的战略目标

实行跨越式发展战略，须大力发展信息产业，以产业结构升级带动结构调整。在经济全球化和信息经济兴起的大背景下，信息技术与信息产业的发展水平，是国家生产力发展水平和综合国力的集中表现。信息技术的进步与网络经济的兴起，也为我国调整产业结构、利用后发优势、实现跨越式发展提供了难得的机遇。应遵循产业结构演变的一般规律，结合我国国情，针对阶段性、结构性过剩和国内市场潜力巨大之间的矛盾，从改变不合理的产业结构现状出发，确定我国各产业发展的方向，并实施具有适应性和灵活性的结构调整策略。

需紧跟当代世界产业发展的主流，实行具有超前意识的跨越式产业结构调整战略，利用全球资源和世界市场，积极参与国际分工，促使产业结构加速升级。

需立足高起点，以加快高科技产业化发展为核心。高新技术产业化发展对促进产业结构调整和升级具有巨大的牵引作用。可借鉴欧美、日本等发达国家及地区的经验，制定完善的风险投资业的相关法律法规，扶植高新技术中小企业的成长。运用高新技术改造传统产业，始终应是中国产业结构战略性调整的重点。

（三）占据世界科技前沿，参与全球科技产业竞争

当今大国在集中力量占据世界科技前沿、参与全球科技产业竞争的过程中，正加快技术密集、资本密集和劳动密集型产业的动态结构调整。我国应根据不同行业的特点，有针对性地采取不同的途径和方式对传统产业进行改造。我国还可以从传统产业中分离出一部分，按新的运行机制开发高新技术产品，培育和发展高新技术企业。

从全球资源配置过程看，一国产业结构的调整和升级必须体现该国在全球经济中所具有的比较优势和竞争优势。我国是一个产业体系完整的大国，但产业技术结构具有多层次的特点，比较优势主要体现在劳动密集型产品上，在国际市场竞争日趋激烈、国际分工格局正出现新变化的背景下，要争取主动地位、赢得市场，就必须提高劳动密集型产品的技术含量，并实施产业差别化策略，使劳动密集型产业向资本、技术密集型方向发展，真正成为具有竞争优势的产业。

（四）与对外开放相结合，提高产业结构的开放效应

产业结构调整不可能在本国范围内封闭地进行，世界市场的开辟、外资的流入，都将影响我国产业结构的调整。我国有较完整的产业结构（同中小规模的国家相比），经济发展的资源供给和市场空间在更大程度上依赖于本国，但在经济全球化的条件下，要提高产业的国际竞争力，提高经济体系的运行效率，就必须在全球范围内进行资源配置。

提高对外开放的深度和广度，完善全方位、多层次、宽领域的对外开放格局，对增强国际竞争力、促进产业结构优化具有重要作用。通过外商投资企业引进先进技术、工艺、设备和管理经验，能够推动相关产业的技术进步。要进一步开放服务业市场，加快银行、保险、证券、电信、商贸、运输等服务业的外资引进，促进我国服务业的发展；鼓励国内企业将国内成熟的工业技术转移到海外，加大开发和利用国际资源的力度。

（五）促进高新技术产业发展的实现路径

在国际上常用的高新技术产业的概念一般是指用当代尖端技术（主要指信息技术、生物工程和新材料等领域）生产高新技术产品的产业群。具体来说，高新技术产业系指必须以利用计算机、超大型集成电路等最尖端科技产品为基础，并投入巨额研究与开发费用从事生产的智慧密集型产业。

高新技术产业应具备的基本条件为：产品的技术性能复杂，科技人员在职工中的比重大，设备、生产工艺建立在尖端技术的基础上，工业增长率和劳动生产率高。其中，高的劳动生产率也是发展高技术产业的重要目的之一。世界各国之所以纷纷大力推进高新技术产业的发展，一方面是为了抢先占领竞争的制高点，另一方面就是想通过利用先进的技术改造传统的产业，减少经济活动中人、财、物的投入，从而极大地提高劳动生产率。

发展高新技术产业的制约因素有宏观因素，也有微观因素。高新技术产业是一种新兴产业，同传统产业的区别在于，它是一种技术密集型产业，其技术产生于科学研究的最新成果。如今，高新技术已广泛地渗透到社会政治、军事、经济、科学、教育、文化生活等各个领域，并同这些领域产生了密切的联系。而一个国家要发展高新技术产业，必须具备一定的宏观环境和微观环境，前者主要是指整个社会环境，后者主要是指高新技术产业开发区本身。

四、我国城市化水平对产业发展的影响

过去的城市化水平相对滞后，导致人口结构和资源占用结构不合理，就业结构与产值结构不对称，限制了第三产业的发展，阻碍了我国的经济和社会发展。

我国城市化的任务是有计划地塑造大、中、小城市并举，以中、小城市为主的城市群体网络，引导形成具有专业化分工的城市功能系统，使大量农业剩余劳动力及其派生的非农产业群，由农村逐步转移到城市。

城市化趋势对产业发展和结构调整的影响主要体现在：①通过农业剩余劳动力的逐步转移，提高农业的边际劳动生产力，实现农产品的规模经济，使城市与农村的分配关系趋于合理；②通过人员流动及城市集约效应的实现，降低工业和相关产业的劳动成本，提高非农产业的劳动生产率，进而增加国民经济在生产可能性曲线之内的总产出水平。

五、我国县域经济模式对产业结构的影响

县域是目前我国城市和农村的结合点，是城乡联动的关节点，也是全面建设小康社会的基本载体。

县域经济是在县级行政区域内，以市场为导向优化配置经济社会资源而形成的区域经济；是以县城为中心、乡镇为纽带、农村为腹地的区域经济。县域经济是指在县域内以城镇为中心、以农村为基地、各种经济成分有机构成的一种区域性经济。县域经济特征为综合性、薄弱性、地区不平衡性。

我国县域经济具有三大基本发展模式。一是资源主导型发展模式。该模式是通过充分利用当地所有的自然资源和人文资源，促进和带动县域经济发展。二是产业主导型发展模式。该模式是指县域集中发展某一产业，通过其纵向、横向的拉动作用来带动整个县域经济发展，如广东佛山顺德的家电产业，拥有科龙、美的、万家乐、格兰仕、容声等五大中国驰名商标，是"中国家电之都"。三是综合发展型经济模式。如广州增城，是珠三角城市群和广深经济带的重要节点，也是荔枝之乡、牛仔服装名城、新兴汽车产业基地和生态旅游示范区。

县域可协调、平衡发展对策。中西部县域积极承接东部产业转移的同时积极开展循环经济，积极把握国家宏观调控机遇，积极探索省县乡管理体制改革途径，壮大民营经济，发展产业集群，加强区域创新能力培养，有利于将小城镇建设与发展特色产业有机结合。

本 章 小 结

提高对外开放的深度和广度，完善全方位、多层次、宽领域的对外开放格局，对增强国际竞争力、促进产业结构优化具有重要作用。通过外商投资企业引进先进技术、工艺、设备和管理经验，能够推动相关产业的技术进步。要进一步开放服务业市场，加快银行、保险、证券、电信、商贸、运输等服务业的外资引进，促进我国服务业的发展；鼓励国内企业将国内成熟的工业技术转移到海外，加大开发和利用国际资源的力度。我国农产品市场将适度扩大开放，通过国内外市场竞争加快农业结构调整，促进农业现代化。

未来中国经济发展必将沿着全球化、知识化、市场化和城市化四个方面发展。产业结构调整的主导方式必然由行政、计划转向市场，调整的主体也必然由政府转向企业。

思 考 题

1. 简述什么是数字经济。

2. 世界产业开放度不断提高从何体现？

3. 简述世界性三次产业结构调整、转移对区域经济发展的影响。

4. 简述经济全球化的概念、特征以及对中国的影响。

5. 从支柱产业、主导产业和优化产业结构方面阐述我国产业结构调整。

第六章　能源产业发展与节能减排

一般而言，一个国家的现有产业的发展水平与结构，是一国经济发展水平和资源配置状况的综合反映。经济发展有一定的连续性和继承性，如在低碳经济转型过程中，某国现有产业状况既是其未来产业发展的现实基础，又是其未来产业发展方向的决定因素。因此，要选择与一国国情相适应的战略产业，我们就应对该国的产业结构和环境可持续发展水平做出基本判断。

第一节　低碳转型与节能减排

近300年来，发达国家先后完成工业化、城市化，消耗了地球上大量的自然资源，特别是能源资源。地球能源生产与消耗环节的温室气体排放量比例巨大。当前，中国等新兴发展中国家也正在步入工业化、城市化的阶段。能源消费增加是经济社会发展的客观必然。世界能源是人类社会赖以生存和发展的重要物质基础。中国已经成为世界能源市场不可或缺的重要组成部分，在肩负全球节能减排的使命方面，正在发挥着越来越重要的积极作用。

我国应坚持能源开发与节约并举，节约优先；积极转变经济发展方式，调整产业结构，鼓励节能技术研发；普及节能产品，提高能源管理水平，完善节能法规和标准，不断提高能源效率。

一、低碳转型：经济发展方式的抉择

（一）低碳经济决定未来产业发展新形态

低碳革命是继农业革命、工业革命、信息革命之后，世界经济形态新出现的革命浪潮。它将与全球化、信息技术一样，成为重塑世界经济版图的强劲力量。

由联合国和国际环保组织提出的"碳峰值"和"碳中和"为未来长远发展提供了实现总体路径的蓝图，指明低碳生活的趋势化和需求。针对低碳排放问题，世界各国均已实施安全和合理排放政策，以确保其对大自然之影响在合理范围内，为后代留下绿色家园。低碳经济范式是世界经济发展方式的必然选择。加里尔蒂（Galeotti）等通过数据分析发现经济合作与发展组织的成员国经济增长和二氧化碳

的排放量之间也呈一定程度的倒"U"形曲线关系①。

加强国际互利合作，确立能源发展战略：坚持节约优先、立足国内、多元发展、依靠科技、保护环境、加强国际互利合作，努力构筑稳定、经济、清洁、安全的能源供应体系，以能源的可持续发展支持经济社会的可持续发展。

（二）投资需求拉动的经济增长

我国经济增长格局主要表现为投资需求拉动经济增长，投资主要向与高消耗的土建工程相关联的产业倾斜，对基础产业需求急剧扩大，刺激了基础产业的增长。这样围绕着土建工程所产生的需求与基础产业的供给之间就形成了相互推动的内生扩张动力。

（三）基础产业、基础设施对宏观经济运行的影响

无论是基础产业还是基础设施，都具有建设周期长、资金回收率低、物资投入强度大等特点。将向这些领域的投资作为经济增长的主要动力，就会从总体上造成建设周期延长、资金占压加剧和资金周转缓慢等一系列严重后果，最终使宏观经济效益下降。以这种产业为主导的增长是我国经济高消耗、粗放式发展的最主要的原因，其结果就导致了产业结构转型升级有难度。

二、能源与环境：倡导发展现代能源产业

（一）加快发展现代能源产业

坚持节约资源是保护环境的基本国策，我国把建设资源节约型、环境友好型社会放在工业化、现代化发展战略的突出位置，努力增强可持续发展能力，建设创新型国家，继续为世界经济发展和繁荣做出更大贡献。过去生产要素的粗放利用，制约着我国经济实现可持续增长。经济发展欲望的无限性与自然承载力的有限性间的矛盾在不断深化。

低碳经济是在资源节约和环境保护的基础上的可持续发展。①国土资源，节约集约利用制度建设，国土资源节约集约模范县（市、区）创建土地节约集约利用；②气候条件，我国大部分地区气温季节变化幅度相对剧烈，降水时空分布不均，未来气候变暖趋势将进一步加剧；③生态条件，我国生态环境比较脆弱；④能源禀赋，一次能源消费中，我国对煤炭的依赖程度远超过其他国家，且在相当长时期内难以改变。

---

①　Marzio Galetti, Alessandro Lanza and Francesco Pauli, "Reassessing the Environmental Kuznets Curve for CO$_2$ Emissions: A Robustness Exercise," *Ecological Economics*, 57 (2006): 153 - 163.

（二）低碳经济将领导三大领域的新能源革命

由于经济发展阶段和产业结构压力带来的挑战，能源革命势在必行。低碳经济范式下的新能源革命，主要发生在三大领域：能源提供方式、能源运输方式、能源消费方式（图6-1）。

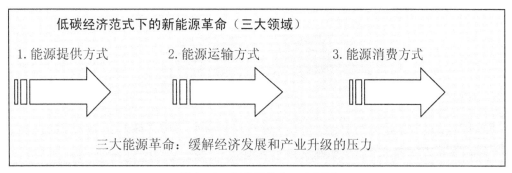

图6-1 新能源革命三大领域

就我国发展阶段而言，节能减排空间较大。我国的能耗强度偏高，能源效率偏低。中国发展低碳经济对传统行业节能减排将提出更高要求。国内的节能减排的成本低，"碳交易"机制可以提供支持。中国西部地区一些欠发达省份的温室气体减排的潜力较大，拥有开发清洁发展机制项目的诸多优势。

三、发展低碳经济：全球共识形成驱动力

（一）国内发展低碳经济：内在需求的拉动力

国内低碳发展内在需求主要包括以下方面：中国工业化由传统向新型转变、产业结构调整升级，迫切需要探索低碳发展的实现路径；国内新能源、可再生能源技术和产业的发展，对实现低碳经济和可持续发展下的节能减排目标意义重大。

（二）世界能源总体供需关系紧张：国际节能减排已成为潮流

国际减排潮流的巨大推动力体现在共同但有区别的责任原则，这有利于我国发展低碳经济。发达国家不仅要履行减排责任，且有义务向发展中国家提供减排的资金和技术支持。世界能源总体供需关系紧张，如图6-2所示。

长期以来，我国对外开放的格局、与国外良好的多边和双边关系，有利于我国低碳发展。中法双方通过气候变化联合声明（2007），建立起双边应对气候变化伙伴关系。双方将重点加强在低碳基础设施、碳捕集利用和封存、可再生能源、能源效率、低碳交通、低碳城镇化、循环经济及"碳市场"等方面的交流。中法双方强

图6-2　世界能源供需关系局势示意

调不同形式的碳定价的重要性，并认为中国发展全国"碳市场"是这方面的重要里程碑和强有力激励信号。中法双方认识到绿色金融和低碳投资的重要性，将努力鼓励资金流向资源节约和低碳的项目。双方认识到在绿色金融和低碳投资领域加强合作的必要性。

中法双方强调部分重要政策在应对减缓和适应气候变化、经济增长和发展、能源获取和能源安全等相互关联的挑战中具有关键作用。2015年11月2日，国家主席习近平和时任法国总统奥朗德在北京共同发表《中法元首气候变化联合声明》。中法双方支持进一步加强现有技术机制，以合作开展技术开发和转让，包括通过联合研发、示范和其他活动。

我国应对气候变化的法律法规、战略规划、政策体系进一步完善。我国《中华人民共和国可再生能源法》《中华人民共和国循环经济促进法》《中华人民共和国节约能源法》《中华人民共和国清洁生产促进法》《可再生能源中长期发展规划》《核电中长期发展规划》《可再生能源发展"十一五"规划》《中国应对气候变化国家方案》相继出台。政府根据低碳经济发展的政策措施，成立应对气候变化领导机构（图6-3）。

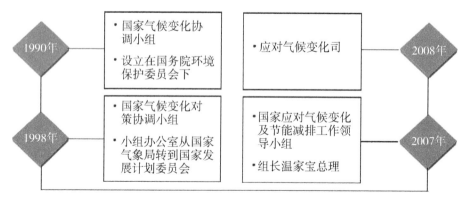

图6-3　中国政府成立应对气候变化领导机构示意
资料来源：中国政府网站。

我国在产品的强制能效标准、节能产品的标准与标识、行业能效的标杆管理、政府节能减排产品采购、市场准入与退出机制等方面的政策及其实施情况与国外还存在明显差距。

四、低碳城市化发展探索

世界气候组织计划在我国发展 15～20 个"低碳城市"，在这些城市探索并建立低碳经济发展模式，以推动降低二氧化碳排放，应对气候变化。目标城市除了北京、上海、天津等大城市，大部分将是我国的二、三级城市，因为这些地区的发展空间更大。气候组织将推动地方政府、金融企业通过政策激励和融资支持，驱动技术创新和资本流动，在城市中推广能有效节能减排的低碳技术。

2008 年 1 月，世界自然基金会启动"中国低碳城市发展项目"，以期推动城市发展模式的转型，保定和上海是首批试点城市。上海市在打造"低碳城市"的过程中，着重对建筑的能源消耗情况进行调查、统计，从办公楼、宾馆、商场等大型商业建筑中选择试点，公开能源消耗情况，进行能源审计，提高大型建筑能效。上海在南汇临港新城、崇明岛等地建立"低碳经济实践区"，推动低碳经济发展；充分利用南汇的临港新城和崇明岛的后发优势建立和完善低碳发展的政策框架，在两地建设若干低碳社区、低碳商业区和低碳产业园区等低碳发展综合实践区，以促进低碳技术的集成应用，带动两地低碳经济的发展，为上海建设低碳城市探索了新的发展模式。

此外，上海世博园区目前已在低碳发展方面做了很好的探索。2001 年，上海将崇明定为生态岛，明确"崇明是上海未来城市发展战略空间"。2005 年 11 月，上海实业集团与奥雅纳公司分别代表中英双方签署了东滩生态城规划项目，明确了将上海东滩建成全球首个可持续发展生态城。根据规划，上海东滩将被建设成为一个可以容纳 5 万人的高能效城市，城市垃圾将被循环利用于发电，海边也将安装小型的风力发电机。

保定市借鉴美国加州"硅谷"的发展模式，提出了建设"中国电谷"的概念。提出建设"绿色保定，低碳城市"，依托保定国家高新区新能源和能源设备产业基础，依靠保定国家高新区内的国内外知名龙头企业，打造光伏、风电、输变电设备、新型储能、高效节能、电力电子器件、电力自动化及电力软件等产业园区。2007 年初，保定市政府提出"太阳能之城"的概念，计划在整座城市中大规模应用以太阳能为主的可再生能源，以降低碳排放量。

低碳城市建设既可以打造低碳经济名片，也可以为城市发展带来众多机会。从率先探索的上海和保定，到积极谋划的珠海、杭州、唐山、吉林、德州和贵阳，各地结合自身的实际情况，因地制宜，迈出了定位准确、特色鲜明的低碳步伐。

五、中国发展低碳经济的机遇与潜力

（一）挑战：低碳经济势在必行

发展低碳经济，这对中国是压力，也是挑战。工业化、城市化、现代化加快推进的我国，正处在能源需求快速增长阶段；我国以全面小康为追求，致力于改善和提高14亿人民的生活水平和生活质量，带来能源消费持续增长。据估算，未来20年中国能源部门电力投资将达1.8万亿美元。但火电的大规模发展对环境的威胁不可忽视。

（二）机遇：发展低碳经济有助于我国发挥后发优势

在发展低碳经济方面，我国有着一定的潜在优势，如减排空间大、减排成本低、技术合作潜力大等。我国建设低碳经济社会也会带来新的经济增长点，创造新的就业机会，促进自主创新能力的提高，促进国内能源、环保目标的实现。发展低碳经济，还有助于我国发挥后发优势，走跨越式发展道路，提高未来国际竞争力，改变目前在国际上处于产业链低端的不利地位。执行更加可持续的气候和能源政策发展低碳经济，可以为我国社会经济发展带来机遇。

作为发展中大国，我国人口数量众多、经济增长快速、能源消耗巨大，来自能源、环境的压力十分巨大。目前，我国有4.1万多个乡镇行政单元，其中有1.9万个建制镇，发展小城镇对内需拉动和改变城乡二元经济格局具有极为重要的意义。小城镇要建设，本身就能带动50多个产业的发展。这将在一定时期内提供稳定增长的消费需求，成为经济增长的强大推动力。

我国积累了较为雄厚的国力基础和抗风险能力，有能力和实力加大对低碳技术的研发和投入，逐步缩小与西方发达国家的技术差距。我国政府对于发展低碳经济有清醒的意识。作为负责任的大国，我国要承担二氧化碳减排义务。此外，国家的大力支持成为企业开展低碳技术研发与应用的催化剂。

第二节　能源利用的整体现状

改革开放以来，我国能源工业迅速发展，为保障国民经济持续快速发展做出了重要贡献，主要表现在两个方面：一是供给能力明显提高；二是我国已经初步形成了以煤炭为主体、以电力为中心、石油天然气和可再生能源全面发展的能源供应格局，基本建立了较为完善的能源供应体系。

一、我国能源资源利用现状

（一）能源资源利用整体现状

1. 我国电力发展迅速

能源综合运输体系发展较快，运输能力显著增强，建设了西煤东运的铁路专线及港口码头，形成了"北油南送"的管网，建成了"西气东输"大干线，实现了"西电东送"和区域电网互联。单位产品能耗明显下降，其中钢、水泥、大型合成氨等产品的综合能耗及供电煤耗与国际先进水平的差距不断缩小。

2. 我国能源消费结构优化

我国高度重视优化能源消费结构，煤炭在一次能源消费中的比重下降，可再生能源和核电比重由 4.0% 提高到 7.2%，石油和天然气有所增长。终端能源消费结构优化趋势明显，煤炭能源转化为电能的比重由 20.7% 提高到 49.6%。我国商品能源和清洁能源在居民生活用能中的比重明显提高。

3. 科技水平迅速提高

以"陆相成油理论与应用"为标志的基础研究成果，极大地促进了石油地质科技理论的发展。石油天然气工业已经形成了比较完整的勘探开发技术体系，特别是复杂区块勘探开发、提高油田采收率等技术在国际上处于领先地位。煤炭工业建成一批具有国际先进水平的大型矿井，重点煤矿采煤综合机械化程度显著提高。在电力工业方面，先进发电技术和大容量高参数机组得到普遍应用，水电站设计、工程技术和设备制造等技术达到世界先进水平，核电初步具备百万千瓦级压水堆自主设计和工程建设能力，高温气冷堆、快中子增殖堆技术研发取得重大突破。烟气脱硫等污染治理、可再生能源开发利用技术迅速提高。正负 500 kV 直流、750 kV 交流输电示范工程相继建成投运，正负 800 kV 直流、1000 kV 交流特高压输电试验示范工程开始启动。

（二）能源市场环境正在完善

能源市场环境逐步完善，能源工业改革稳步推进。能源企业重组取得突破，现代企业制度基本建立。投资主体实现多元化，能源投资快速增长，市场规模不断扩大。煤炭工业生产和流通基本实现了市场化。电力工业实现了政企分开、厂网分开，建立了监管机构。石油天然气工业基本实现了上下游、内外贸一体化。能源价格改革不断深化，价格机制不断完善。

二、我国能源资源禀赋特征

（一）能源资源总量比较丰富

中国拥有较为丰富的化石能源资源。煤炭占主导地位。2006 年，煤炭保有资源

量为 1.0345×10^{12} t，剩余探明可采储量约占世界的13%，列世界第三位。已探明的石油、天然气资源储量相对不足，油页岩、煤层气等非常规化石能源储量潜力较大。中国拥有较为丰富的可再生能源资源。水力资源理论蕴藏量折合年发电量为 6.19×10^{12} kW·h，经济可开发年发电量约为 1.76×10^{12} kW·h，相当于世界水力资源量的12%，列世界首位。

（二）人均能源资源拥有量较低

我国人口众多，人均能源资源拥有量在世界上处于较低水平。煤炭和水资源人均拥有量相当于世界平均水平的50%。石油、天然气人均资源量仅为世界平均水平的1/15左右。耕地资源不足世界人均水平的30%，制约生物质能源的开发。

（三）能源资源赋存分布不均衡

我国能源资源分布广泛但不均衡。煤炭资源主要赋存地在华北、西北地区。水资源主要分布在西南地区。石油、天然气资源主要赋存地在东、中、西部地区和海域。我国主要的能源消费地区集中在东南沿海经济发达地区，资源赋存与能源消费地域存在明显差别。大规模、长距离的"北煤南运""北油南运""西气东输""西电东送"是我国能源流向的显著特征和能源运输的基本格局。

（四）能源资源开发难度较大

与世界其他国家相比，我国煤炭资源地质开采条件较差，大部分储量需要用井工开采，极少量可供露天开采。石油天然气资源地质条件复杂，埋藏深，对勘探开发技术的要求较高。未开发的水力资源多集中在西南部的高山深谷，远离负荷中心，开发难度和成本较大。非常规能源资源勘探程度低，经济性较差，缺乏竞争力。

能源供应体系面临着重大挑战。随着我国经济的较快发展和工业化、城镇化进程的加快，能源需求不断增长，构建稳定、经济、清洁、安全的能源供应体系面临着重大挑战，突出表现为：①人均资源拥有量不足；②资源禀赋区域不均衡；③能源资源开发难度大。

第三节　节能减排的重点领域

总体来看，我国一次能源消费增速随着我国经济增速的变化而变化，随着我国"节能减排"力度的加大，一次能源增速低于GDP增速。例如，2012年我国一次能源消费总量已达到 36.2×10^9 t标准煤，比2011年增长4%。据专家研究，按单位产品能耗和终端用能设备能耗与国际先进水平比较，目前我国的节能潜力约为 3×10^8 t标准煤，相当于2005年全年全国能源消耗总量的13.4%。

一、能源产业发展与节能技术措施

目前，世界低碳能源产业减少二氧化碳的三大策略为：提高能源效率、二氧化碳捕获和封存技术和发展可再生能源。不可否定的是，我国的选择将影响全球低碳能源产业的未来发展。我国需先行一步，抓住未来发展的先机。

（一）工业是提高能效的关键领域

1. 工业是国民经济建设中的一个主要产业

工业消耗的能源约占我国全部消耗能源的 70%；工业涉及范围广，有些工业部门是能源消耗大户，如钢铁工业、冶金工业、建材工业。根据国际能源机构（2006）统计，中国能源效率有很大提升空间。中国与其他国家每万美元 GDP 能耗比较见表 6-1。钢材、水泥、化肥等工业产品，生产规模和产量已连续多年居世界第一位。

表 6-1　中国与其他国家每万美元 GDP 能耗比较

国家	总能源标准煤消费/10^4 t	人均能耗标准煤/t	人均 GDP/万美元	每万元 GDP 能耗标准煤/t
日本	74332	5.8245	3.6486	1.60
德国	46929	5.6918	3.3099	1.72
美国	331037	11.0085	4.2067	2.62
菲律宾	3594	0.4017	0.1084	3.71
巴西	29504	1.5687	0.3311	4.74
印尼	16335	0.6655	0.1093	6.09
印度	60456	0.5519	0.0652	8.47
埃及	8396	1.0642	0.1118	9.52
中国	242549	1.8339	0.1352	13.56

资料来源：据国际能源机构（2008）的数据整理分析。

2. 需要加快、加强节能技术开发和推广应用

节能优先的方针需要落到实处，需实施有效的节能激励政策，加快建立适应市场经济体制要求的节能新机制，加快、加强节能技术开发和推广应用以及节能监管和服务机构能力建设。

我国能源利用效率有提升空间，节能潜力大。我国工业部门的 8 个行业主要产品单位能耗平均比发达国家高 40%，如火电供电煤耗高 22.5%，大中型钢铁企业吨钢可比能耗高 21.4%，铜冶炼综合能耗高 65%，大型合成氨综合能耗高 31.2%，纸和纸板综合能耗高 120%。主要耗能设备效率也低于世界平均水平：①燃煤工业锅

炉平均运行效率在65%左右，比国际先进水平低15～20个百分点；②中小电动机平均效率为87%，风机、水泵平均设计效率为75%，均比国际先进水平低5个百分点，比系统运行效率低20个百分点。通过工业节能潜力分析，我国能源利用效率与国外差距表明我国节能潜力巨大。

（二）国内能源供应存在的问题与应对措施

整体能源效率比国际先进水平低10个百分点。火电机组平均效率为33.8%，比国际先进水平低6～7个百分点。能源利用中间环节（加工、转换和贮运）损失量比较大，浪费比较严重。对此，可采取如下措施。

通过稳步提高国内安全供给能力，不断满足能源市场日益增长的需求。通过有序发展煤炭，积极发展电力。加快发展石油天然气，鼓励开发煤层气，大力发展水电等可再生能源，积极推进核电建设，科学发展替代能源，优化能源结构，实现多能互补，保证能源的稳定供应。应充分依靠能源科技进步，增强自主创新能力，提升引进技术、消化吸收和再创新能力，突破能源发展的技术瓶颈，提高关键技术和重大装备制造水平，开创能源开发利用新途径，增强发展后劲。坚持以建设资源节约型和环境友好型社会为目标，积极促进能源与环境的协调发展。我们只有坚持在发展中实现保护、在保护中促进发展，才能实现可持续发展。

加强和世界各国能源合作。在立足国内的基础上，坚持以平等互惠和互利双赢的原则，加强与国际能源组织和世界各国的能源合作，积极完善合作机制，深化合作领域，维护国际能源的安全与稳定。

（三）节能的基本内涵

节能是指加强用能管理，采取技术上可行、经济上合理及环境和社会可以承受的措施，从能源生产到消费各个环节降低能耗，减少损失和污染物排放，制止浪费，合理地利用能源。这项工作的开展，需要政府不断贯彻节能政策。

"地球一小时"是世界自然基金会应对全球气候变化所提出的一项倡议，希望个人、社区、企业和政府在每年3月最后一个星期六的20：30—21：30熄灯1 h，来表明对应对气候变化行动的支持。

自愿协议指的是工业界整体或者单个企业在自愿的基础上为提高能效和政府签订的一种协议，如旨在减少温室气体排放的自愿协议。协议内容为工业界整体或单个企业承诺在一定时间内达到某一能效目标，政府给予某种形式的激励。自愿协议的对象一般是耗能产品，如钢铁、建材等。

二、节能减排：国外的政策与措施

（一）美国有关能源的法规

《能源政策与节约法案》《国家能源法案》等都涉及节能问题。1978 年，美国通过立法确定能效标准和标识的法律地位，实施强制性能效标准、标识和自愿性认证。

能效标准由美国能源部负责制定和实施。强制性能效标识由联邦贸易委员会组织实施，购买节能产品的用户可获得补贴。自愿性标识由美国环保局组织实施。"能源之星"是美国环境保护署所推出的商品节能标识体系。

节能服务公司是运用市场机制开展节能服务的一种实体，最早起源于美国，是一种基于合同能源管理机制运作的、以盈利为目的的专业化公司。

（二）日本《节能法》

制定强制性能效标准、产品标识及认证制度。对汽车和电器产品（如家用电器、办公自动化设备等）分别制定了不低于市场上已有商品的最好能效标准。与美国联合实施办公设备的能效标识计划，对计算机、打印机、传真机、复印机、扫描仪等驱动器，达到美国能效标准的贴上"能源之星"标志。对建筑设计实施强制能效标准。日本推行"节能日"（每月的第一天）和节能月（每年 2 月），每年的 8 月 1 日和 12 月 1 日为节能检查日。日本政府开展经常性的、有目的的宣传、教育和培训，提高公民节能意识。

（三）澳大利亚"登星计划"

澳大利亚温室气体办公室与维多利亚可持续能源管理局、新南威尔士州可持续能源管理局共同组织实施"登星计划"。

澳大利亚的"登星计划"是一种旨在评估和比较建筑物能源效率的工具系统。该计划由澳大利亚政府于 1999 年引入，以促进可持续发展，并减少建筑物对能源的消耗，主要包括能源效率评估、星级评级标准、优势和激励措施、公众认知和信息披露及持续改进五大方面。例如，对于建筑，澳大利亚不仅有"绿星"评价体系，在全国还有建筑环境评价体系及建筑可持续发展性能指标等几种评价系统。"绿星"评价体系由澳大利亚绿色建筑委员会开发完成，用于对建筑场地选址、设计、施工建设和维护及运营期对周边环境造成的影响进行评价。

同美国、日本、英国、德国相比，澳大利亚绿色建筑发展起步相对较晚。澳大利亚政府对通过绿色星级评定建筑实施减税政策，制定并完善了绿色建筑基金、国家太阳能学校项目及可再生能源（如太阳能）使用等相应的补贴政策。澳大利亚相继完善了既有建筑及新建建筑的绿色建筑星级评价体系，为保证绿色建筑星级评定提供可靠依据。澳大利亚既有建筑环境评价体系则对"绿星"评价体系起到补充作用，主要用于对既有建筑环境进行测评并认证其所能达到的星级标准。建筑可持续发展性能指标主要用于对新南威尔士州新建居住建筑在节约水资源、能源方面的规划设计进行评价。另外，NatHERS 和 AccuRate 评价系统主要用于建筑外围护结构能耗测评。

第四节　节能减排与管理技术

一、洁净煤技术

洁净煤技术是旨在减少污染和提高效率的煤炭加工、燃烧、转化和污染控制等技术的总成。洁净煤技术的分类如下：

（1）燃烧前的煤炭加工和转化技术。其中包括煤炭选洗和加工转化技术，如选煤、型煤、水煤浆技术。煤炭转化领域主要是煤炭液化、煤炭气化、燃料电池等。煤炭转化技术的应用，有利于改变我国终端能源的消费结构，减少煤炭直接燃烧量，减少因燃煤造成的环境污染，在一定程度上缓解我国石油供需矛盾，对保障我国能源安全及有重大意义。

（2）污染排放控制与废物处理领域。烟气净化，煤层气的开发利用，煤矸石、粉煤灰、煤泥的综合利用，工业锅炉和炉窑技术等。

（3）煤炭高效洁净燃烧技术——洁净煤发电技术。洁净煤发电技术包括以下两种：①循环流化床燃烧技术，这是一项近 20 年发展起来的清洁煤燃烧技术，具有燃料适应性广、燃烧效率高、氮氧化物排放低、低成本石灰石炉内脱硫、负荷调节比大、负荷调节快的突出优点；②整体煤气化联合循环发电技术（integrated gasification combined cycle，IGCC），这是把煤炭、生物质、重渣油等多种含碳物质进行气化，然后把得到的生成气体净化再用于燃气 – 蒸汽联合循环的发电技术。IGCC 的工作原理为：煤在气化后变为中低热值煤气，通过除掉煤气所含有的硫化物、氮化物、粉尘等污染物质，使之变成干净的气体燃料，再送入燃气轮机中，在燃烧室里进行燃烧，然后燃气工质推动燃气透平做功，燃气轮机排气进入余热锅炉加热给水，产生过热蒸汽推动汽轮机做功。IGCC 既发挥了 Brayton 循环高温热源特点，又保留了 Rankine 循环低温热源优势，很好地实现了煤化学能洁净与高效梯级利用，总效率得到了最大限度的提升。IGCC 具有极佳的环保优势：高硫煤的燃烧也能很好地达到高标准的环保要求，脱硫效率高达 98%。IGCC 的前景发展广阔，能很好地融合到高新科技行业中。

（4）增压流化床联合循环发电技术。该技术对应的系统由两个部分组成，即煤的气化及煤气净化系统和燃气 – 蒸汽联合循环发电系统。气化炉、空分装置、煤气冷却净化系统是第一部分的主要设备；而燃气轮机发电系统、余热锅炉、汽轮机发电系统则是后一部分的主要设备。

二、低碳经济下的节能减排管理技术

低碳经济的发展离不开节能减排技术，该技术主要涉及以下具体领域：工业节能技术、管理节能技术、工艺节能技术、控制节能技术、设备节能技术。

管理节能主要措施有建立能源管理体系、确立产品耗能定额、订立管理制度等。

工艺节能是工业节能过程中难度大、投资大，但也是节能效果最显著的节能措施。工艺节能涉及整个工艺系统，改变工艺操作一般很难单独进行，常常需要控制节能和设备节能配合改造。例如，合成氨工艺原来以煤为原料，如果改用石脑油为原料，就要进行控制方案及设备的改造，工作量较大。

控制节能考虑每一台耗能设备的正常、可靠运行；考虑车间、工厂实现自动化的经济目的，特别是节约能耗、提高产品产量、质量等；考虑车间、工厂对能源（油、煤、气、水、风、电）进行集中监测、管理、调度和控制等问题；考虑各种耗能设备的性质和状态；考虑控制技术实现的可能性、可靠性及稳定性。

设备节能是较为容易实施的节能措施。设备节能就是对耗能设备进行改造、替换，采用新材料、新技术，以及加强管理等措施，使耗能设备的能源消耗降低；若是能量回收设备（如烟道废热锅炉），则使其回收能量增加。

工业生产过程中主要耗能设备有工业锅炉、工业炉窑（熔铸炉、加热炉、热处理炉、烘干炉）、电动机、热交换设备。

钢铁、水泥和通用技术领域的节能技术见表6－2。

表6－2　主要工业部门的关键节能技术

	关键节能技术
钢铁	干熄焦技术，煤调湿技术，余热余压回收技术，燃气－蒸汽联合循环发电技术，新一代炼焦技术，高炉喷吹废塑料技术，熔融还原技术，采用微波、电弧和放热加热直接炼钢技术，先进电炉技术，第三代炼钢技术，薄带连铸等
水泥	新型干法水泥生产工艺技术、废弃物替代原料和燃料技术、新型干法纯低温余热发电技术、高效磨粉设备及技术
通用技术	高效的电动机系统、二氧化碳捕获和封存技术

本 章 小 结

我国应坚持能源开发与节约并举、节约优先；积极转变经济发展方式，调整产业结构，鼓励节能技术研发；普及节能产品，提高能源管理水平，完善节能法规和标准，不断提高能源效率。要加强和世界各国能源合作，在立足国内的基础上，坚持以平等互惠和互利双赢的原则，与国际能源组织和世界各国加强能源合作，积极完善合作机制，深化合作领域，维护国际能源安全与稳定。

随着能源需求量的不断增加，不可再生能源储量逐渐减少，能源危机不时闪现，世界已经进入"高油价时代"，能源安全问题成了许多国家面临的一大挑战。此外，大量使用石化能源造成环境污染，碳排放增加，引起全球气候变暖，使我们赖以生存的地球家园环境恶化，这是人类面临的另一重大挑战。新能源造成的污染少，被誉为"清洁能源"或"绿色能源"。新能源中的太阳能等是取之不竭的可再生能源，对解决能源短缺和环境污染问题具有重要意义。

思 考 题

1. 简述我国发展低碳经济的动因。
2. 请简述能源革命的主要方式、特点。
3. 请简述我国发展低碳经济总体体现了什么样的先进理念和思想。
4. 谈谈主要工业部门的关键节能技术。

第七章　世界能源科技应用技术

在碳达峰、碳中和目标的驱动下，全球能源的生产与利用正在发生革命性的转变。在低碳科学、技术和工程领域，这种革命性的转变势必催生创新，对中国主动引领高质量发展至关重要。目前，根据我国有关科技发展规划的路径和政策导向，对论文、专利成果数据进行的多维度分析识别展示了各个国家或城市地区的合作情况。在全球能源科技重点领域提出智能电网、碳捕获与封存利用、光伏建筑一体化等方面的科技应用技术。

第一节　科技应用技术：智能电网

智能电网技术有 3 个维度。第一，电力用户在电力供应中起到积极的作用，电力需求管理成为间接发电的手段，也可因此获得绿色奖励；第二，新的电力系统将覆盖整个欧洲大陆，可以使用户获得尽可能多的资源和实现高效能量交换，如进口北非风电及太阳能发电到欧洲电网；第三，智能电网有助于可持续能源的利用，对解决环境问题有益。

智能电网是将现代信息、通信和控制技术深度集成应用于各个领域，涵盖发电、输电、变电、配电、用电和调度环节，具有信息化、自动化和互动化的特征，能够实现电力流、信息流、业务流高度一体化融合的现代电网。

智能电网的特点是由传统的电力单向流动变为双向流动，以智能方式将发电、电网与用电结合起来，形成互动关系，降低能耗和峰值的需求。由于可再生能源等分布式能源的引入，电力用户既是传统意义上的消费者，也可能成为电力供应者，向电网输送电。通过储能（包括电动车）、电网精益化管理、用户侧响应等手段，电网对风能、太阳能等非常规能源的吸纳能力可以明显增强，电力效率提升，供电可靠性也就明显提高。资产利用效率大幅提升，也能带来储能、分布式能源、智能用能产品和设备等大量新业务。这要求电力管理体制随之变革，如将兼有消费者和电力供应者双重身份的终端用户的多余电量向电网输送的管理问题；为实现用户侧响应引入的电价机制问题。

一、发达国家智能电网的政策与实施

（一）美国《能源独立与安全法案》

为有效促进智能电网建设，美国颁布《能源独立与安全法案》，设立了新的专

责联邦委员会并界定了其职责与作用，建立了问责机制，同时建立了激励机制，促进股东投资。时任美国总统奥巴马为振兴经济，从节能减排、降低污染角度提出"绿色能源环境气候一体化振兴经济计划"，智能电网是其中重要组成部分。在奥巴马政府的经济刺激计划中，大约有45亿美元贷款用于智能电网投资和地区示范项目。奥巴马曾宣称，智能电网可以"节省开支，保护电源免受停电或灾害威胁，在全国每一个角落奉献可替代的洁净能源"。

智能电网应是使我们全方位受益的。智能电网的出现将改变电网传统的发展方式，它向所有的利益相关方提供机会和挑战，例如，电力供应和需求平衡的工作可以由多方共同完成，减少电力需求就可以等价为增加发电等。

（二）欧盟的"超级智能电网"

欧盟将智能电网定义为以用户为中心的技术，大规模可再生能源和分布式发电接入技术使电网各种用户（发电机、消费者等）智能接入成为可能，达到高效、可持续、经济和安全输送电力的目的。

欧洲智能电网分为三阶段。①起始阶段：拓宽分布式发电和可再生能源发电的监测和远程控制，推动联网工作。一些联网工作依赖于与分布式发电商签订的关于辅助服务的双边合同，以分清合同的物理边界和地理边界。②中期阶段：建立能够接纳大量分布式发电和可再生能源发电的管理机制，包括本地和全局服务、贸易问题、控制问题和无须过多信息的适应性等。③最后阶段：完全主动功率管理。配电网管理中利用实时通信和远程控制技术来满足网络服务的绝大部分需求。输电和配电网络都是主动的，采用和谐的、实时互动控制功能和高效潮流控制。

智能电网涉及技术、市场、商业、环境、监管框架、标准化、信息通信、社会需求和政府政策等内容。欧盟联合研究中心发展"超级智能电网"，以支撑远距离输电和分散供电相结合的智能电网。以上两者的结合即超级智能电网。欧盟智能电网的特点：①灵活性，在应对当前和未来各种挑战的同时，满足电力用户的需求；②可获取性，对电网所有用户，特别是使用可再生能源和高效率、零碳或低碳排放的本地电源等的用户，提供连接通道；③可靠性，在满足数字时代电力风险和不确定性要求的情况下，保证和改善电力供应的安全性和质量；④经济性，通过创新、能量效率管理、公平竞争和合理调控实现价值的最大化。

第二节　科技应用技术：二氧化碳捕获与封存技术

作为一种技术选择，二氧化碳捕获与封存技术将来具有商业可行性。目前，二氧化碳捕获与封存技术在有些领域是商业可行、能够产生收益的，如用它提高石油采收率。一些发达国家在进行三次采油时，把二氧化碳收集起来加以液化，注入地底下把油"驱赶"出来。我国大庆、胜利油田的开采也涉及二次、三次采油，可采用这种方法。

一、二氧化碳捕获与封存技术

二氧化碳捕获与封存是指将大型发电厂、钢铁厂、化工厂等排放源产生的二氧化碳收集起来，并用各种方法储存以避免其排放到大气中的一种技术，包括二氧化碳捕获、运输及封存这三个环节。

（一）二氧化碳捕获技术

目前已掌握的方法包括燃烧后捕获、燃烧前捕获和富氧燃烧捕获。

燃烧后捕获。①溶剂吸收法。常采用胺类、碳酸盐类溶液等溶剂对二氧化碳进行吸收和解吸，二氧化碳浓度可达 98% 以上。该方法适合回收低浓度二氧化碳废气，往往流程复杂，操作成本高。②物理吸附法。比较常见的有活性炭类、膜类及各种有机溶液等。物理法吸收二氧化碳对烟气中二氧化碳的浓度要求比较高，吸收速率和吸收能力往往受到限制。

富氧捕获。富氧捕获主要针对燃烧后的烟气二氧化碳浓度较低的特点，采用氧气替代空气进行燃烧，从而使燃烧后的烟气主要含有二氧化碳和水（体积分数大概为 70% 和 15%，其余为氮气、氧气、氩等其他气体），直接将水冷凝下来后，通过低温闪蒸纯化二氧化碳，即可捕集二氧化碳。其优点是免去溶剂吸收和解吸过程，在能耗方面有较大的改进潜力，但目前能耗仍和其他捕获方法相当。该技术通常应用于新建电厂和已有电厂的改造。

燃烧前捕获。燃烧前捕获技术以整体煤气化联合循环技术为基础。先将煤炭气化成清洁气体能源，二氧化碳在燃烧前就被分离出来，不进入燃烧过程。二氧化碳的浓度和压力会因此提高，分离起来较方便。这是目前运行成本最低廉的捕获技术，其前景为学界所看好。问题在于传统电厂无法应用这项技术，而需要重新建造专门的整体煤气化联合循环电站，其建造成本是现有传统发电厂的 2 倍以上。

（二）二氧化碳运输

二氧化碳能够以气体、液体、固体三种状态存在，可以通过卡车、轮船或管道输送到指定地点。

（三）二氧化碳封存技术

1. 地质封存

地质封存是向即将耗竭的油气储层和不可开采的甲烷煤层注入二氧化碳。这种储存对技术要求很高，不仅要将二氧化碳保存在深层地下，还要随时监测是否有泄漏的情况。二氧化碳地质封存技术如图 7 –1 所示。

● 地质封存

➤ 直接埋藏

将二氧化碳直接埋藏到废弃的天然气井或油井里

➤ 强化采油技术

二氧化碳在地下 800 ～ 1000 m 处。超临界状态的二氧化碳具有液体特性。将二氧化碳注到快要枯竭的油井里，可提升采油率

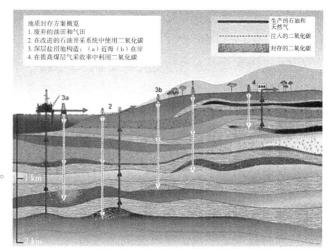

图 7 - 1　二氧化碳地质封存技术工作示意

资料来源：中国石油网、百度。

2. 深海封存

深海封存是指把二氧化碳注入深海中以进行长时间的存储。大部分二氧化碳在深海中可与大气隔离若干世纪，目前深海封存技术在全世界还未被真正采用，仍处于研究阶段。

3. 二氧化碳封存的其他技术

矿石碳化技术。矿石碳化是指利用碱性氧化物和碱土氧化物将二氧化碳固化产生碳酸盐化合物，可在建筑上再利用并实现封存，二氧化碳在碳化后将不会被释放到大气中。

工业利用。工业上对二氧化碳的利用包括二氧化碳作为反应物，如在尿素和甲醇生产中利用二氧化碳，以及各种直接利用二氧化碳的技术应用，如园艺、冷藏冷冻、食品包装、焊接、饮料、灭火材料。

二、二氧化碳捕获与封存技术评价

二氧化碳捕获与封存技术的应用和管理有不确定性风险。二氧化碳经过捕获、压缩再用船舶或铁路运输注到地下，是一个极其复杂的过程，每一个环节都有技术要求。这项技术可彻底改变一个国家或地区的能源基础建设。

二氧化碳封存技术的市场化演进见表 7 - 1。

表7-1　二氧化碳封存技术与经济可行性比较

封存方式	采用技术	研究阶段	示范阶段	经济可行	成熟化市场
地质封存	强化采油				※
	天然气或石油层			※	
	盐沼池			※	
	提高煤层气		※		
海洋封存	直接注入（溶解型）	※			
	直接注入（湖泊型）	※			
碳酸盐矿石封存	天然硅酸盐矿石	※			
	废弃物料		※		
工业利用					※

资料来源：中国环境保护网、绿色环保网。

三、案例分析

气体封存在地下数百年都可能泄露，这就要在建设二氧化碳捕获与封存设施时必须确保万无一失。例如，1986年，由于地震，深埋在喀麦隆尼欧斯湖底的二氧化碳突然喷发，造成邻近村庄1746人窒息而死。

Tordis公司距离斯莱普尼肯尔300 km左右，根据公司官方公布的数据，2008年，当Statoil Hydro将含油的水注入Tordis气田的Utsira水库时，超过175 m³的油通过一个未被发现的火山口溢出。这足以证明把液体注入或储存到地下水库中的难度。

瑞典瀑布能源公司的德国分公司计划在德国小镇贝斯科修建一座二氧化碳储存设施，立刻遭到当地居民的强烈反对。在丹麦，也有因居民的抗议而延缓二氧化碳捕获与封存项目的事件。在荷兰，由于遭到民众的强烈反对，政府不得不放弃了在鹿特丹的一个碳封存项目。

第三节　科技应用技术：光伏建筑一体化发展

随着社会科学技术的发展及人类思想意识的提高，人们越来越倡导低碳环保生活，以实现全球可持续发展。在建筑节能方面，太阳能利用的主要方向是光伏发电技术和光热转换技术。光热转换技术的发展已经相当成熟。太阳能光伏发电技术是指利用光电转换原理使太阳辐射光通过半导体物质转变为电能的技术。第一代光伏材料经历了由单晶硅、多晶硅到非晶硅的发展，第二代光伏材料是可以大批量低成本生产的薄膜材料，而现在正在研究第三代全新光伏材料。光伏材料成本不断下降，转换效率逐渐升高。太阳能光伏发电作为一种清洁高效的发电技术越来越有优越性，全球都热衷于研究太阳能光伏发电技术的实际运用。例如，屋顶光伏电站利用形式目前约占全球并网光伏发电系统的90%。很多发达国家制订了"太阳能屋顶计划"，如英国"绿色住宅"建筑计划、美国"百万太阳能屋顶计划"、欧洲"百万屋顶计划"及其框架下的德国"十万太阳能屋顶计划"等。我国也在大力推进太阳能光伏屋顶发电站，如江苏淮安楚州开发区太阳能光伏屋顶项目（1.5 MW）、全球最大单体光伏建筑一体化项目南京南站光伏屋顶项目（10.67 MW）等。我国现有房屋建筑中，可利用的光伏发电系统面积约为186亿平方米。

屋顶光伏电站的利用其实是太阳能光伏建筑一体化系统的一种。太阳能光伏建筑一体化系统是在建筑围护结构外表面上铺设光伏阵列提供电力，该系统能将太阳能发电机组完美地集成于建筑物的墙面或屋顶，其工作原理与普通的光伏发电系统完全相同，唯一区别是太阳能组件既可被用作系统发电机，又可被用作建筑物外墙材料。采用太阳能光伏建筑一体化系统，可就地发电、就地使用，且具有诸多优点：利用太阳作为能源发电可满足节能与环保的要求；节省了电网投资和减少了输送损失；彩色光伏模块可取代昂贵的外饰材料，不仅具有装饰效果而且能降低太阳能发电系统成本；能够缓解电力需求；作为建筑物外围护具备隔声隔热的作用；可以改善室内热环境。

在2010上海世博会上，中国馆采取了利用68米平台和60米观景平台铺设单晶太阳能组件的方案，总装机容量达302千瓦。中国馆的60米观景平台四周采用特制的透光型"双玻组件"太阳能电池板。用这种"双玻组件"建成的玻璃幕墙，既具有传统幕墙的功能，又能够将阳光转换成清洁电力，一举两得。主题馆则在屋面铺设了面积约2.6万平方米的多晶太阳能组件，装机容量达到了2825千瓦。

本 章 小 结

应对全球气候变化，积极促进以低能耗、低污染、低（零）排放为基础的"低碳经济"成为世界各国发展的总体趋势。欧美等一些发达国家及地区大力推进以高能效、低排放为核心的"低碳革命"，着力发展"低碳技术"，并对产业、能源、技术、贸易等政策进行重大调整，以抢占先机和产业制高点。

思 考 题

1. 简述智能电网的概念与特点。
2. 简述二氧化碳捕获与封存技术的概念与特点。
3. 什么是光代建筑一体化？

市场环境与评价篇

第八章 国际"碳贸易"市场运行机制及评价

"碳贸易"市场亦称为"碳市场",是"碳排放权"贸易的简称。在"碳市场"的构成要素中,规则是最重要的核心要素。有的规则具有强制性,如《京都议定书》便是"碳市场"最重要的强制性规则之一。当然也有规则是自愿性的,没有国际、国家政策或法律强制约束,由区域、企业或个人自愿发起,以履行环保责任。Zane 认为,在达成有强制约束效力的国际气候协定之前,欧盟碳排放交易体系使域内能源密集型企业相较于没有类似环境政策的外国企业而言处于竞争劣势,即从欧盟角度出发,以平整竞技场为目的,论证了碳关税的合法性[①]。

第一节 "碳排放权"运行机制

一、"碳贸易"与交易平台

1. 运作原理

运作原理是合同的一方通过支付另一方一定金额获得温室气体减排额,买方可以将购得的减排额用于减缓温室效应从而实现其减排的目标。这种贸易以每吨二氧化碳当量为计算单位,通称为"碳贸易"。

交易商品以电子形式存在于排放量交易登录软件中,而非实际的物质化商品。由于能源期货交易所已具有交易平台所需的相关经验,因此目前多由此类业者掌握欧盟碳排放交易体系的建立及维护工作。目前共有包含欧洲气候交易所、欧洲能源交易所等多个交易平台可进行交易,其中交易量最大的是欧洲气候交易所,约占欧盟碳排放交易体系的85%。

2. 总量管制和交易规则

总量管制和交易是指在限制温室气体排放总量的基础上,通过买卖行政许可的方式来进行排放。在欧盟碳排放交易体系下,欧盟成员国政府须同意由各国政府各自确定的国家排放量汇总的总量上限。这表示,在整体系统内,所有的工厂、发电厂和其他设施的总温室气体排放量将会被限制在一定额度内。在此上限内,各公司将会分配到一定排放量,他们可以出售或购买额外的需要额度,以确保整体排放量在特定的额度内。如果一家公司降低其排放量,它可以保留排放许可量以满足未来

---

① Steven Nathaniel Zane, "Leveling the Playing Field: The International Legality of Carbon Tariffs in the EU," *Boston College International and Comparative Law Review*, 34, no. 1 (2011): 199–225.

的需求，或者出售给别的公司。

3. 分权治理模式

分权治理模式是指该体系所覆盖的成员国在排放交易体系中拥有相当大的自主决策权，这是欧盟排放交易体系与其他总量交易体系的最大区别。如美国的二氧化硫排放交易体系都是集中决策的治理模式。欧盟交易体系分权治理思想体现在排放总量的设置、分配、排放权交易的登记等方面。如在排放量的确定方面，欧盟并不预先确定排放总量，而是由各成员国先决定自己的排放量，然后汇总形成欧盟排放总量。在排放权的分配上，虽然各成员国所遵守的原则是一致的，但是各国可以根据本国具体情况，自主决定排放权在国内产业间分配的比例。分权化管理模式突显了协调机制的重要性。

4. 欧盟排放交易体系的开放性

这主要体现在它与《京都议定书》和其他排放交易体系的衔接上。欧盟排放交易体系允许被纳入排放交易体系的企业在一定限度内使用欧盟外的减排信用。但是，它们只能是《京都议定书》规定的减排信用，即核证减排量或减排单位。通过双边协议，欧盟排放交易体系也可以与其他国家的排放交易体系实现兼容。例如，挪威二氧化碳总量交易体系与欧盟排放交易体系已于2008年1月1日成功对接。

二、清洁发展机制市场

1. 清洁发展机制

根据《京都议定书》，发达国家可通过向发展中国家的减排项目提供资金和转让技术来"购买"温室气体减排额度，这一机制被称为清洁发展机制。其核心内容为允许缔约方（发达国家）与非缔约方（发展中国家）进行项目级的减排量抵消额的转让与获得，在发展中国家实施温室气体减排项目。

2. 清洁发展机制市场运行

发达国家以清洁发展机制项目合作方式从发展中国家购买减排指标，来履行其部分减排义务，发展中国家也可以通过清洁发展机制项目合作获得额外的资金技术，从而创造了一个发达国家用资金和技术向发展中国家购买经认证的排放权的市场。清洁发展机制市场运行模式机理如图8-1所示。

3. 清洁发展机制市场潜力

发达国家温室气体减排需求量为$(5 \sim 5.5) \times 10^9$ t 二氧化碳当量（2008—2012年）。其中，50%通过发达国家国内减排来实现，另外约2.5×10^9 t 二氧化碳当量通过灵活机制来实现。2010年以前，至少有100亿美元的核证减排购买量，这将带动超过500亿美元的项目投资。

全球有30亿～50亿美金的清洁发展机制交易来自中国。如果中国抓住这个机会，清洁发展机制将会产生150亿～250亿美金的项目投资。清洁发展机制的主要供给方有巴西（有第一个经清洁发展机制执行理事会正式批准的清洁发展机制项

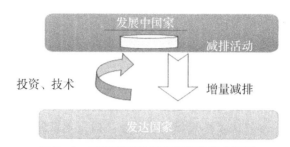

图 8 - 1　清洁发展机制市场运行模式机理

目，已有 130 多个项目）、中国（市场潜力被广泛看好）、印度（很活跃，已经有近 300 个项目储备）、其他中南美洲国家（哥伦比亚、哥斯达黎加、智利、秘鲁、乌拉圭、巴拉圭、玻利维亚等非常活跃）、非洲（吸引力相对较小）。

4. 清洁发展机制体制框架要素

温室气体减排量的计算和测量方法学：确保准确性和透明性，以及保守性（减排量就低不就高）和可操作性。

国际/国内管理机构建设：确保权威性和合法性。

运行法规和管理程序：确保规范性、责任性和可操作性。

国家清洁发展机制的鼓励政策和优先领域：高能效、可再生。

符合市场机制的运作模式：买方、卖方、中介、咨询、融资、价格谈判、交易成本、合同协议、风险管理/担保、税收/利益分摊。

能力建设促进机制：培训班、政策/案例研究、研讨会、宣传活动、展览和出版物。

清洁发展机制项目开发和合作的中介机构：清洁发展机制推广培训/商务/开发中心/信息网络，提供技术支持和商务支持，分担风险。

5. 清洁发展机制项目的资金机制

有国际双边和多边基金及实施计划等。实施清洁发展机制的主要模式：由《联合国气候变化框架公约》附件一和非附件一缔约方共同实施的双边模式，这是最常见的一种模式；由非附件一缔约方和代表附件一缔约方的国际组织或基金共同实施的多边模式；由非附件一缔约方单独实施的单边模式。

第二节　"碳排放权"市场贸易

世界银行的雏形碳基金是世界上创立最早的碳基金，政府方面有加拿大、芬兰、挪威、瑞典、荷兰和日本国际合作银行参与，另外还有 17 家私营公司参与了碳基金的组成。自 2000 年世界银行设立首个碳融资基金以来，已发展 10 只基金，总融资额从零发展到超过 25 亿美元。截至 2015 年 3 月 9 日，据中国碳排放交易网，全球有 89 只基金，资金规模高达 107 亿欧元。

基金有不同用途，如"生态碳基金"主要针对森林和土地利用项目，"共同体发展碳基金"主要针对世界上最落后的国家和地区。碳融资的资金规模和来源还需要扩大，才能满足当前"碳市场"发展的需求。而一些碳融资相关的项目总体效益被低估，成了碳融资发挥杠杆效应的最大障碍。此外，碳融资在盈利能力预测和支持性措施等方面也存在一些不足。

"碳贸易"是指把市场机制作为解决以二氧化碳为代表的温室气体减排的新路径，即把二氧化碳排放权作为一种商品，从而形成了二氧化碳排放权的贸易（简称"碳交易"）。"碳交易"是合同的一方通过支付另一方一定金额获得温室气体减排额，买方可以将购得的减排额用于减缓温室效应从而实现其减排的目标。在6种被要求减排的温室气体中，因二氧化碳为最大宗，所以这种交易以每吨二氧化碳当量为计算单位，其交易市场称为碳市场。《京都议定书》建立了旨在减排温室气体的三个灵活国际合作机制，订立了减排温室气体的合作框架协议。

一、"碳排放权"原理与相关概念

"碳排放权"是具有价值的资产，可以作为商品在市场上进行交换，如减排困难的企业可以向具有"减排优势"的企业购买"碳排放权"，后者替前者完成减排任务，同时也获得收益。这就是实行"碳贸易"的基本原理。有专家认为，当今世界的"碳排放权"可能超过石油，成为全球交易规模最大的商品。

碳抵消额是指通过行动所减少的温室气体排放量或增加的碳汇量。要获得碳抵消额度，必须先估算在不执行项目减排行动的情况下可能产生的排放基线，再计算执行项目能够减少的排放量，然后得出减排差额。碳抵消项目可以分为三大类，分别是销毁温室气体项目（如由牲畜排放的甲烷，以及氟化烃、六氟化硫等工业废气）、温室气体减排项目（如可再生能源项目、能效提升项目、燃料转换项目、减少毁林及森林退化造成的碳排放项目等）和碳封存技术项目（如农业、林业土地利用项目、二氧化碳捕集与封存技术等）。项目开发商也可以直接与企业或个人进行交易。在碳交易的各个环节中，都可能有中介的参与。

"碳源"是指向大气中排放温室气体、气溶胶或温室气体前体的任何过程与活动。

"碳汇"泛指从大气中清除温室气体、气溶胶或温室气体前体的任何过程或活动。而我们平常说的"碳汇"，一般是指从空气中清除二氧化碳的过程、活动、机制。"碳汇"在应对气候变化中具有不可替代的地位和作用。

森林"碳汇"是指森林植物通过光合作用将大气中的二氧化碳吸收并固定在植被与土壤当中，从而减少大气中二氧化碳浓度的过程。森林生态系统是巨大的碳储存库，是大气二氧化碳的重要"碳汇"。林业"碳汇"是指利用森林形成的"储碳功能"，通过植树造林、加强森林经营管理、减少毁林、保护和恢复森林植被等活动，吸收和固定大气中的二氧化碳，并按照相关规则与"碳汇"交易相结合的过程、活动或机制。林业措施对缓解气候变化具有巨大的潜力。

排放权和减排量额度（信用）因为稀缺而成为一种有价产品。"碳资产"原本在这个世界上并不存在，它既不是商品，也没有经济价值。在环境合理容量的前提下，政治家们人为规定包括二氧化碳在内的温室气体的排放行为要受到限制，由此导致碳的排放权和减排量额度（信用）开始稀缺，并成为一种有价产品，称为"碳资产"。"碳资产"的推动者是《联合国气候变化框架公约》的100个成员国及《京都议定书》签署国。这种逐渐稀缺的资产在《京都议定书》规定的发达国家与发展中国家共同但有区别的责任的前提下，出现了流动的可能。由于发达国家有减排责任，而发展中国家没有，因此产生了"碳资产"在世界各国的不同分布。

"碳金融"是指由《京都议定书》而兴起的低碳经济投融资活动，也称为碳融资和碳物质的买卖，即服务于限制温室气体排放等技术和项目的直接投融资、"碳权交易"和银行贷款等金融活动。据世界银行测算，全球二氧化碳交易需求量预计为每年 $7 \times 10^8 \sim 1.3 \times 10^9$ t，由此将形成一个年交易额高达140亿～650亿美元的国际温室气体贸易市场。作为发展中国家，中国是最大的"减排市场提供者之一"，未来数年，每年"碳交易"量有望达数亿吨。低碳金融市场产品分类见表8-1。

表8-1　低碳金融市场分类

低碳金融	市场目标和市场产品
绿色信贷	银行为那些低能耗、低污染的企业提供融资服务，环保部门和银行业联手抵御企业环境违法行为，促进节能减排，规避金融风险
现货市场	基于配额的交易，项目的交易
衍生品市场	碳排放权相关远期，期权、期货等衍生金融产品

为了落实《京都议定书》规定的清洁发展机制和联合履行机制，世界银行建立了不同的"碳基金"，由发达国家企业出资，购买发展中国家或其他发达国家环保项目的减排额度。在世界银行碳融资项目中，中国与世界银行的合作金额最大，非洲也占到了项目总金额的20%。"碳基金"在不断开发项目实施的新形式，如以城市为单位、将各类环保项目打包统一贷款，这一形式也将在中国实施。

"碳税"是指针对二氧化碳排放所征收的税，它以环境保护为目的，希望通过削减二氧化碳排放来减缓全球变暖。"碳税"通过对燃煤和石油下游产品（如汽油、航空燃油等）石化燃料征税（按其碳含量的比例）来达到减少石化燃料消耗和二氧化碳排放的目的。建立碳税制度的优点在于，可以让企业根据其成本进行排放量控制，同时达到调整税收制度的效果。由此带来的市场价格机制与技术的进步，又能够改善资源配置效率，有助于政府管理公共资源。如丹麦在1991年通过征收碳税的议案，是世界上最早征收碳税的国家，其碳税率由高至低分别为交通事业、商业用电、轻工业、重工业。

"碳信用"又称为"碳权",指在经过联合国或联合国认可的减排组织认证的条件下,国家或企业以增加能源使用效率、减少污染或减少开发等方式减少碳排放,从而得到可以进入碳交易市场的碳排放计量单位。

二、国际"碳排放权"交易

减排的实质是能源问题,发达国家的能源利用效率高,能源结构优化,新的能源技术被大量采用,因此在本国进一步减排的成本极高,难度较大。在发展中国家,能源效率低,减排空间大,成本也低。这导致了同一"减排单位"在不同国家之间存在着不同的成本,形成了高价差。最终,发达国家需求很大,发展中国家供应能力也很大,"碳交易"市场由此产生。由于现代社会,工业发展大肆使用化石燃料,各种类型的工业及生活造成了地球温室气体增多,全球变暖,如此持续下去,则有可能导致陆地被海水淹没等一系列后果。有鉴于此,全球有责任心之国家共同联合通过了《京都议定书》,其中绝大部分的发达国家(美国除外)主动承担起减少二氧化碳排放的义务。

1. 欧盟排放交易体系

欧盟委员会自 2005 年起对成员国实行温室气体排放配额管理,如在其生效的第一阶段,对各成员国每年可排放的二氧化碳量做了规定。又在此基础上建立了欧盟排放交易体系,允许各成员国交易各自的配额。事实上,欧盟的规定比《京都议定书》更为严格,其交易也非常活跃。但欧盟规定第一阶段的配额不能带入第二阶段,导致交易价格大幅下跌,交易量萎缩。到第二阶段,一些非欧盟成员国也加入进来,并且欧盟也接受了 UNFCCC 认定的减排项目。

2. 芝加哥气候交易所:碳排放交易

芝加哥气候交易所成立于 2003 年,它为温室气体排放量交易设计了 CFI 合约,每份 CFI 代表 100 t 的二氧化碳等额气体排放量。芝加哥气候交易所提供了正式会员、合作会员、减排量供应、减排量打包、交易、买家等 6 种参与形式以满足不同的排放需求。

3. 欧美、日本等发达国家及地区市场成熟

欧美和日本等发达国家及地区,已通过"碳交易"取得了显著的环境和经济效益。英国通过"以激励机制促进低碳发展"的气候政策来提高能源利用效率,降低温室气体排放量;德国通过"碳排放权"交易管理,做到了经济与环境双赢;美国堪萨斯州农民通过农田碳交易,获得了新的农业收入来源;日本则把"碳排放权"交易看作"21 世纪第一个巨大商机",通过在世界各地大量购买和销售"碳排放权",获得了巨大的经济收入。此外,印度、泰国等发展中国家和地区也看到了全球变暖带来的商机,并陆续进入全球"碳交易"市场。据世界银行统计,2007 年全球减排量相关交易额达 60 亿欧元。2009 年,荷兰气候交易所、欧洲气候交易所、北欧电力交易所、纽约绿色交易所、亚洲碳交易所等都可以进行减排量交易。

第三节 国际"碳交易"市场的发展

一、"碳市场"经济的理论基础

"碳市场"是科斯定理与现代金融的完美结合。但是仅有产权是不够的，还需要有法律的保障，没有法律保障的产权等于没有产权或产权不明晰。针对信息不对称，以及居民群体内达到协议的交易成本高和搭便车的存在，通常会委托政府环保部门和有关非政府组织来代理居民的环境权益（这又产生对代理机构的治理问题），以降低交易成本和缓解信息不对称问题。"碳市场"需要设置有效的激励机制。

正确地界定产权很重要。产权界定正确，会减少环境问题；界定不正确，会加重环境问题，由此会产生公地的悲剧并加重环境问题。

"碳市场"有以下特征：一是科学性和精确性，即满足技术条件。"碳市场"是科学产品，须满足"三可"（可监测、可报告、可核查）技术条件。二是稀缺性和公平性，即满足政策条件。"碳市场"是公共产品，必须首先由政府提供公共产品，这是"碳市场"的必要条件，只有政府确定配额才形成稀缺性。三是流动性和稳定性，即满足经济条件。"碳市场"是金融产品，"碳交易"的主流产品是期货，这是"碳市场"的充分条件，必须有这样一个激励机制，才能更大程度地实现价值发现、价格发现、成本降低、风险规避。

二、"碳交易"的源起与发展

（一）"碳交易"即温室气体排放权交易

"碳交易"源起于通过购买合同或者碳减排购买协议，是合同的一方通过支付另一方一定金额获得温室气体减排额。买方可以通过购得减排额实现其减排的目标。清洁发展机制是《京都议定书》中引入的三个灵活履约机制之一。根据"共同但有区别的责任"原则，已完成工业革命的发达国家应对全球变暖承担更多的历史责任，因此，《京都议定书》只给工业化国家制定了减排任务，但没有对发展中国家提出这个要求。

"碳交易"有 5 个环节，分别为确定总量、分配配额、核证注册、交易、惩罚，每个环节都需政府提供公共产品。

因为美国并非《京都议定书》成员国，所以只有欧盟排放权交易制及英国排放权交易制是国际性的交易所，美国的交易所只有象征性意义。

（二）"碳"交易发展市场

自愿碳市场的诞生早于 1992 年的《联合国气候变化框架公约》、1997 年的《京都议定书》及 2005 年的欧盟排放贸易体系。早在 1989 年，首例针对二氧化碳捕获与封存技术的自愿投资便开了自愿碳交易之先河。

1. "碳贸易"市场：自愿碳市场

目前，在自愿碳市场中，有两部分的交易量较为突出：美国芝加哥气候交易所和场外交易市场（又称为柜台交易市场）。芝加哥气候交易所成立于 2003 年，2004 年获得期货交易资格，是全球第一个自愿参与温室气体减排限额交易机构，并且是通过合同对交易主体进行法律约束的组织和市场交易平台。其交易过程通过基于网络的电子交易平台实现，交易规则由会员自愿设计形成，交易成员可分为主要成员、次要成员、参与成员和交易参与者。除芝加哥气候交易所之外，还有很大一部分自愿"碳贸易"不是以限额机制或正式碳交易所的形式进行的，而是以双边授信为基础，通过自主双边询价、双边清算进行的场外交易。2007 年，场外贸易市场的碳交易额为 4210 万吨二氧化碳当量，是 2006 年的 3 倍，芝加哥交易市场碳交易额为 2290 万吨二氧化碳当量，全年的自愿碳市场贸易总额高于 6500 万吨二氧化碳当量。2008 年，自愿碳市场交易额又较 2007 年增长了 87%，达到 1.23 亿吨二氧化碳当量，贸易额为 7.05 亿美元。自愿碳市场已成为强制碳市场的必要补充，其增长潜力将在未来很长一段时间的全球"碳贸易"中体现出来。

2. 世界"碳市场"交易发展

南非联合气候变化大会"德班会议"之后，世界"碳市场"现状以及前景如何？现有的名副其实的碳排放体系有欧盟排放交易体系、美国东北部的区域温室气体倡议、新西兰的总量控制与交易体系、《京都议定书》框架下的清洁发展机制。事实上，欧盟排放交易体系依然主导全球"碳市场"，依然是全球"碳市场"的引领者，自运行以来，"碳产品"交易量与交易额一直占全球总量的 3/4 以上。美国有 3 亿多人口，约占全球人口的 5%，但美国排放的二氧化碳却占全球排放总量的 24%。根据《京都议定书》安排，欧美等发达国家 2008—2012 年的二氧化碳减排指标是：与 1990 年相比，欧盟要减排 8%，美国要减排 7%，日本要减排 6%，加拿大要减排 6%，东欧各国要减排 5%～8%。

第四节 国际"碳交易"市场评价

一、世界"碳交易"市场发展

（一）西方四大"碳交易"市场

它们分别是欧盟排放交易体系（European Union Greenhouse Gas Emission Trading Scheme，EU ETS）、英国排放权交易体系（UK Emissions Trading Group，ETG）、美国的芝加哥气候交易所（Chicago Climate Exchange，CCX）、澳大利亚国家信托

（National Trust of Australia，NSW）。

（二）自愿"碳交易"市场

自愿减排市场早在强制性减排市场建立之前就已存在。因其不依赖法律进行强制性减排，其中大部分交易也不需对获得的减排量进行统一认证与核查。虽自愿减排市场缺乏统一管理，但机制灵活，从申请、审核、交易到颁发所需时间相对更短，价格也较低。自愿"碳交易"主要被用于企业市场营销、品牌建设等。目前这个市场碳交易额占比小，不过潜力巨大。比较有名的自愿"碳交易"市场有美国加州气候行动注册机制（The California Climate Action Registry）及芝加哥气候交易所（Chicago Climate Exchange）。

美国区域二氧化碳预算交易计划虽然由各州自愿发起，但相关规范远比《京都议定书》和欧盟排放交易体系严格，尤其对超额排放的处罚和各排放单位的抵换都做了详细规定和限制。

芝加哥交易所虽然是企业自愿加入，但该交易所对市场中排放权的数量及其流动性的控制程度属于以上几个组织中最高的。目前芝加哥交易所拥有全球10个行业的会员接近300个，是全球唯一一个同时开展涉及二氧化碳、甲烷、氧化亚氮、氢氟碳化物、全氟化物、六氟化硫等《京都议定书》中要求控制排放的6种GHG"减排交易"的交易所。

除了在交易所的交易，自愿市场还有多种场外交易方式，由于没有规范市场中强制法规的束缚，可供交易的碳信用更加广泛，包括经核实的减排量、未经核实的减排量及预期的减排量等。

尽管自愿市场的发展也很迅速，全球"碳市场"主要还是强制法规制约下的规范市场。显然，有法律约束力的碳信用需求远远大于仅仅出于自愿目的的需求，这也是各国在严峻的谈判形势下仍然要努力达成国际GHG减排协议的原因。

二、"碳交易"市场发展评价

1. 欧盟排放交易体系

欧盟排放交易体系自运行以来，取得了较好的成效。从宏观层面上看，企业的履约率很高，其中第一年英国的履约率超过99%。欧盟排放交易体系也推动了基于项目的京都机制的投资，如清洁发展机制下面的一些项目。从微观层面上来说，企业管理层对控制温室气体的认识已有很大程度的提高，企业不仅能从环境责任的角度，而且可以从盈利的角度来认识温室气体排放。另外，欧盟排放交易体系的建立也极大地降低了欧盟国家履约的成本，欧盟在这方面每年只需要支出29亿~37亿欧元，而如果没有这一交易体系，支付的成本将大为提高。

现行的"限额－贸易"体系存在固有缺陷。在限额体制下，一些企业通过游说政府而获得额外的配额，然后将多出来的部分出售获利。政府也存在发放过多配额的现象。因此，问题的关键是如何建立一个透明的、合理的配额分配机制。这一问题不仅存在于企业之间配额的分配，也存在于欧盟各成员国之间配额的分配。另外，市场深度不够、配额调整频繁、气候变化与经济动荡等，会造成市场上排放配额价格的过大波动或者市场失灵。

2. 清洁发展机制市场

清洁发展机制在一定程度上促进了资金和技术从发达国家向发展中国家的转移，提高了能源利用率和减少了温室气体的排放，使其经济逐步走向可持续的发展模式。发达国家通过此机制，可以得到"经核证的减排量"，并用此减排量来抵减本国的减排义务，实现其减排承诺，使发达国家和发展中国家实现互惠互利。

清洁发展机制市场体系存在诸多问题，一位欧盟官员直言清洁发展机制产生的减排量不真实。没人知道真实的"经核证的减排量"的价格是多少；清洁发展机制不进行利益规避，如评估和核准减排额度的顾问公司由项目推进方向其付费等。另外，清洁发展机制还存在极其严苛的进入壁垒，如高额的交易成本和核准成本。从整体来看，清洁发展机制实际上刺激了发达国家继续污染，同时，通过二级市场从发展中国家赚取投机利润等。

三、发达国家"碳市场"的政策举措

（一）各国积极推行排放交易

因为美国并非《京都议定书》成员国，所以只有欧盟排放权交易所及英国排放权交易所是国际性的交易所，美国的交易所只有象征性意义。其他国家碳市场的一些碳税机制，同样也达到了碳定价目的，这包括在北部欧洲的几个碳税政策机制，英属哥伦比亚地区的碳税机制，以及类似清洁能源标准的阿尔伯塔省碳标准。与此同时，也有一些国家和地区跃跃欲试，其中包括已经开始运营的日本自愿排放交易体系，并且在考虑建立一个强制性的减排交易体系。在参与欧盟排放交易体系前，挪威国内有自己独立运营的排放交易体系；澳大利亚开展了总量控制与交易体系，配套了一个为期三年的碳税计划；加拿大安大略和魁北克省开展了类似的交易体系；还有加利福尼亚，温室气体总量控制与交易体系即将开始生效。

（二）发达国家低碳发展的政策举措

1. 改造传统产业，加强低碳技术创新

纵观各发达国家低碳政策，他们大多把重点放在改造传统高碳产业，加强低碳技术创新上，但各有侧重点。例如，对于低碳技术的研发，欧盟的目标是追求国际领先地位，开发出廉价、清洁、高效和低排放的世界级能源技术；而英国将发展低碳发电技术作为减少二氧化碳排放的关键。日本为了达到低碳社会目标，采取了综合性的措施与长远计划，改革工业结构，资助基础设施，鼓励针对节能技术与低碳

能源技术创新的私人投资。美国为了发展清洁煤更是不遗余力，在《清洁空气法》《能源政策法》的基础上提出了清洁煤计划，政府通过"煤研究计划"支持能源部国家能源技术实验室进行清洁煤技术研发。

2. 发展可再生能源、新能源技术

目前，英国"降碳"的重要举措是发展风能与生物质能，把可再生能源技术的研究开发和示范放在首位。英国在确保助力实现 2010 年可再生能源发展目标的新技术及有出口前景的技术达到之后，重点研究和开发计划过程中发现的潜在能源技术，包括燃料电池、与建筑一体化相关的光电装置及太阳能热电等。德国通过《可再生能源法》保证可再生能源的地位，确定了以大力发展风能、可再生能源发电、热电联产技术为重点领域。

欧盟在各成员国排放的基础上，建立了温室气体排放交易体系，扩大了交易范围，除了污染性工业企业与电厂，交通、建筑部门也可以参与交易。欧盟重点强调可再生能源比例的提高。欧盟要求到 2020 年各成员国可再生能源使用量占各类能源总使用量的 20%；鼓励使用"可持续性的"生物燃料；到 2015 年为止，建成并投入运行 10～12 座碳捕获和存储的示范工厂。

日本在清洁能源方面强调核电与太阳能的作用。在太阳能使用方面，计划在未来 3～5 年内，将家用太阳能发电系统的成本减少一半，而太阳能发电量是目前的 10 倍，到 2030 年是目前的 40 倍。

在澳大利亚，政府建立气候变化政策部，整合相关部门资源，促进政府与产业互动，全方位建设低碳经济环境。政府对购买太阳能系统的家庭，均给予资金奖励，以实现家庭节能减碳。

英国于 2002 年正式实施排放交易机制，成为世界上第一个在国内实行排放市场交易的国家。其目的在于使排放量的绝对数目明显减少，获得排放交易的经验。

德国于 2002 年开始着手"碳排放权"交易的准备工作，目前已形成了比较完善的法律体系和管理制度。德国政府希望通过市场竞争使二氧化碳排放权实现最佳配置，减少排放权限制给经济造成的扭曲，同时间接带动了低排放、高能效技术的开发和应用。

第五节 我国"碳交易"市场评价

我国作为全球最大的温室气体排放国，虽然没有受减排要求的约束，但被许多国家看作最具潜力的减排市场。据联合国开发计划署的统计，早在 2008 年，我国的二氧化碳减排量已占到全球市场的 1/3 左右，2012 年我国占联合国发放全部排放指标的 41%。具体而言，碳金融商业模式可以分为合同新能源管理（节能反哺开发）

模式、综合能源服务（资源整合优化）模式①、区域共享联盟（全要素共享提效）模式、区域"碳减排"交易。在区域低碳经济一体化发展中，分布式新能源消纳可以就近就地发展，形成灵活性能源供应与消费，如创新发展新能源与其他产业，或者嵌入产业园区发展等。②

一、我国"碳排放权"市场

在我国，越来越多的企业正在积极参与碳交易。根据我国碳市场发展趋势，确立的市场发展基本路线如图8－2所示。目前，我国本土的金融系统（如商业银行及第三方核准机构）等还处在非常初级的探索阶段。我国的"碳减排额度"往往是先出售给中介方（一般是拥有验证能力的、国外大型投行的"碳金融"管理机构），然后再由中介方出售给需要购买减排指标的企业。这样经中介方易手，必然会造成成交价和国际价格脱节。

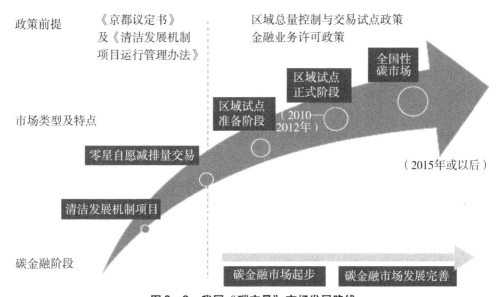

图8－2　我国"碳交易"市场发展路线

资料来源：《2050 中国能源和碳排放报告》。

尽管目前中国污染排放与温室气体排放交易个案已经不少，但分散在各个城市和各个行业，交易往往由企业与境外买方直接进行谈判，信息透明程度不够。这种分散的不公开的市场状况，使中国企业在谈判中处于弱势地位，使最终的成交价格

① 科学技术部社会发展科技司、中国 21 世纪议程管理中心：《中国碳捕集利用与封存技术发展路线图（2019）》，科学出版社，2019，第24—26 页。
② 参见《解振华详解制定 1＋N 政策体系作为实现双碳目标的时间表、路线图》，http://sh.cma.gov.cn/sh/qxkp/qhbh/gnwdt/202108/t20210806_3716591.html。

与国际市场价格相去甚远。

只有具备完善的金融市场，才能为买卖双方提供完整、详细、准确的"碳交易"细节，在信息对称的基础上，保证"碳交易"顺利开展。2005年10月，我国最大的氟利昂制造公司山东省东岳化工集团与日本最大的钢铁公司新日铁和三菱商事合作，展开温室气体排放权交易业务。专家计算，到2012年底，这两家公司可获得 5.5×10^7 t 二氧化碳当量的排放量，此项目涉及温室气体排放权的规模每年将达到 10^7 t，是当时全世界最大的温室气体排放项目。

出口国的"碳减排"资源和配套环境决定了其在碳市场上的议价能力。因此，拥有"碳市场"的定价权不仅取决于"碳贸易"量，还必须建立统一的"碳交易"平台，为买卖双方提供充分的供求信息，降低交易成本，实现公平合理定价。

二、我国"碳交易"市场发展评价

国家政策大力支持，项目配套跟进。在国家政策指导下，引进国外大型投资机构参与碳交易；在一级市场采用部分配额有偿发放，将新建项目引入碳排放交易；利用配额有偿发放收入建立"低碳发展基金"；完成国内核证自愿减排量线上交易；推出"碳排放权"线上抵押融资和碳交易法人账户透支产品。据我国发布的《关于推动建立全国碳排放权交易市场的基本情况和工作思路》，全国"碳市场"建设分三个阶段进行。2014—2015年为准备阶段，其中2015年的主要任务是与国务院法制办公室衔接，争取尽早出台国务院行政法规，同时由主管部门出台其他相关的配套细则和技术标准，以及所有行业企业的温室气体核算方法和标准等。2016—2020年为运行完善阶段，其中，2016—2017年为试运行阶段，主要任务是根据出台的各项政策法规，逐步将31个省区市及新疆生产建设兵团纳入全国"碳排放权"交易范围，做好配额的初始分配。2017—2020年的主要任务是全面实现"碳排放权"交易体系，调整和完善交易制度，实现市场稳定运行。

全国碳交易市场初步纳入6个行业（电力、冶金、有色、建材、化工和航空服务业）的企业，碳排放交易量可能涉及 $(3 \sim 4) \times 10^9$ t。目前，我们需要做很多准备工作，如从最基本的立法，到统一配额分配方案、排放核算方法、完善注册登记系统等。

低碳金融的主要产品与创新。①低碳金融产品。"碳金融"方向的创新对"碳市场"交易的发展显得很有必要，在碳金融、债券和碳相关衍生产品上应该有更多探索。我国低碳金融产品的创新必须重视碳排放量前期数据的收集，对企业加大培训，简化数据类型，注重企业权益；市场活跃性的提高和市场交易品种的丰富也非常重要。②低碳信用卡。2010年初，兴业银行、光大银行先后联手北京环境交易所在国内推出首张"低碳信用卡"，并建立了"个人绿色档案"，碳信用卡除具备信用卡的普通功能外，最大的亮点是为个人购买"碳减排量"提供了银行交易平台。③清洁发展机制项目。保险公司参与到清洁发展机制项目开发的过程中来，从清洁发展机制项目规划到项目验收，保险公司通过技术开发保险、设备制造保险、"碳排放权"买卖保险等手段，为项目投资方降低投资风险，同时从项目开发方获得相应收益。

"碳＋金"两市融合。探索如何利用金融工具促进"碳交易"市场繁荣，实现"碳＋金"两市进一步融合是全国"碳交易"市场的重要任务之一。利用"碳交易"配额拍卖收入设立"低碳产业发展基金"，该基金采用 PPP 模式，以政府投资带动民间资本，发挥放大效应，探索创新绿色投融资模式，推动低碳转型发展。

广州碳排放权交易所推出"碳交易"法人账户透支、碳排放额抵押融资两项金融创新产品。进一步推进"碳金融衍生品"服务中小企业，以解决更多企业的减排融资问题。广东在推动"碳交易"、实现企业减排的同时，也在积极探索如何利用经济手段促进个人减排，"碳普惠"制也就因此应运而生。

相关研究表明，除了工业制造，个人活动也逐渐成为温室气体排放的一大来源。推广"碳普惠"制实际上是为了促进市民树立绿色低碳环保意识，鼓励低碳生活与消费模式的一种创新手段。市民、小微企业通过积极参与"碳减排"活动，如少开 1 天车，少用 1 kW·h 电，就可获得相应的碳排放信用。

碳排放交易的政策。2010 年 7 月 19 日，国家发改委下发《国家发展改革委关于开展低碳省区和低碳城市试点工作的通知》，要求试点的"五省八市""积极探索有利于节能减排和低碳产业发展的体制机制，研究运用市场机制推动控制温室气体排放目标的落实"。2010 年 10 月 18 日，国务院下发的《国务院关于加快培育和发展战略性新兴产业的决定》提到，要建立和完善主要污染物和碳排放交易制度。2010 年 10 月 27 日公布的《中共中央关于制定国民经济和社会发展第十二个五年规划的建议》提出"逐步建立碳排放交易市场"。这是首次以中央文件的形式，给"碳排放交易"给出明确的实施时间。2011 年 3 月 14 日第十一届全国人民代表大会第四次会议批准《国民经济和社会发展第十二五个五年规划纲要》，明确提出要在"十二五"期间"逐步建立碳排放交易市场"。2011 年 8 月 31 日，国务院下发《"十二五"节能减排综合性工作方案》，提出"开展碳排放交易试点，建立自愿减排机制，推进碳排放权交易市场建设"。2011 年 11 月 9 日，国务院常务会议通过《"十二五"控制温室气体排放工作方案》，明确提出"探索建立碳排放交易市场"。2011 年 11 月 22 日，国务院新闻办公室 22 日发布《中国应对气候变化的政策与行动（2011）》白皮书，提出"逐步建立碳排放交易市场，包括逐步建立跨省区的碳排放权交易体系"。2011 年 11 月，《国家发展改革委办公厅关于开展碳排放权交易试点工作的通知》下发，批准北京、天津、上海、重庆、湖北、广东等地开展"碳排放权"交易试点工作。

三、"碳排放权"市场建设与发展思路

我国正在积极开展"碳汇"的探索，但我国"碳汇"标准体系的建立存在着一

些问题，如国家政策扶植不足、社会关注度不够等。

（1）建议。①重视林业、农业、草业等在经济低碳化发展中的地位，在林业"碳汇"、农业"碳汇"、草业"碳汇"等方面进行更多的投入，并在政策上给予更多的支持；②建立一种与国际接轨的，可测量、可报告、可核查的"碳汇"计量标准，使我国能够逐步建立各省区市之间的"碳交易"市场，建立碳排放综合考评机制；③多关注"碳交易"市场，完善"碳交易"市场的市场机制，体现出"受益者付费、损害者赔偿"的原则，进而鼓励林农造林护林，促进林业"碳汇"的发展；④将科技应用于"碳汇"发展，加大科研投入，提升林业、农业、草业等产业的整体科技水平，引进和学习世界各国的现今技术，为林业"碳汇"项目的发展提供良好的科技基础，促进"碳汇"的发展。

（2）措施。我国至今尚未制定全国统一的关于"碳交易"的法律，也没有把"碳交易"写入环境法，缺乏实施"碳交易"的法律保障，无法对那些违反相关"碳交易"规则的行为进行有效的惩罚。如《中华人民共和国大气污染防治法》中仅有关于排放许可证的一般性规定，对碳排放交易缺乏支持。只有出台专门的法律法规，才能保障"碳交易"市场机制的建立与完善，才能明晰"碳交易"的产权归属，保障"碳交易"双方的合法权益。我国开展"碳汇"的探索，先进行试点，再向全国市场推进。

一是试点地区出台碳排放交易管理办法。试点地区加紧制定控制二氧化碳排放的各项法律法规，包括温室气体排放许可、分配、收费、交易、管理等。应当明确"碳排放权"的有偿取得和排放交易的法律地位，制定碳排放总量控制、排放许可证管理和排放交易等法规。应当明确卖方的主体资格、实质减少排放和节余的排放指标量、享有的卖方权利和应该履行的义务，明确购买方的主体资格、所享有的买方权利和应该履行的义务（如支付补偿金），规范初始排放权的分配。依法建立排放权的一级市场后，提高排放交易市场运行的稳定性，在此基础上，逐步考虑建立"碳排放权"交易的二级市场。

二是试点地区构建国内"碳排放权"交易技术支撑硬平台，如登记注册系统、交易系统等。规范排放数据监测报告核查。

三是试点地区制定国内"碳排放权"交易的相关标准。例如，是否允许买卖，即流动性问题；是否允许金融机构参与，即第三方机构的准入及约束。

本 章 小 结

我国作为全球最大的温室气体排放国，虽然没有受减排要求的约束，但被许多国家看作最具潜力的减排市场。据联合国开发计划署的统计，早在2008年，我国的二氧化碳减排量已占到全球市场的1/3左右，2012年我国占联合国发放全部排放指标的41%。减少排放就意味着技术改革，意味着资金投入却没有资金的回报。因此，为了节约资金，发达国家的企业将用于自身技术改造的资金转用于发展中国家的低技术含量项目的技术改造，这些项目减少了温室气体排放，这些减少的量算作出资改造这些项目的发达国家的企业减排。

碳融资项目除了它所提供的数十亿美元的直接融资，更重要的是它成了全球"碳市场"的基石，也成了发展中国家项目融资中关键的杠杆资金。同时，碳融资的资金规模和来源还需要扩大，才能满足当前"碳市场"发展的需求。我国应具有促进个人和机构投资者参与"碳交易"的市场格局。这一发展思路不仅有利于控制交易风险，保持"碳交易"市场的持续健康发展，同时也与欧盟等发达"碳交易"市场在初期发展阶段的实践相一致。

思　考　题

1. 什么是"碳交易""碳市场"和碳贸易运行机制？
2. 简述欧盟排放交易体系的运行机制。
3. 为什么说"碳市场"是科斯定理与现代金融的完美结合？
4. 简要分析国际"碳交易"市场发展现状。
5. 简述我国"碳排放权"交易市场建设与发展思路。

第九章　国际贸易及其对环境的影响

全球正处在百年未有之大变局之中，"俄乌冲突"局势复杂，"能源危机""欧债危机"愈演愈烈；美国经济虽缓慢复苏，但仍面临高失业率及房市持续低迷的滞胀局面；我国经济虽然基本面较稳但出现内外压力；环太平洋的澳大利亚、新西兰及东南亚各国也在试图走出自身经济下行的恶性循环。

在发展过程中，人类越来越感到自然资源并非取之不尽、用之不竭，生态环境的承载能力也不是无限的。人类社会要不断前进，经济要持续发展，客观上要求转变发展方式，即我们如何探索新的发展模式，减少对自然资源的消耗和生态系统的破坏。人类如此重视环境，根本原因在于没有环境就没有人类的生存以及人类社会的发展，即环境和人类社会生存以及发展之间客观地存在着一种特定的关系，从该意义上说人类环境具有不可估量的价值。

霍尔茨－埃金（Holtz-Eakin）和赛尔登（Seldem）利用全球面板数据研究了经济增长与二氧化碳排放量之间的关系，研究结果表明，二氧化碳的边际排放倾向随经济增长而呈现递减趋势。[1]

第一节　全球化对环境的影响

世界经济的增长与环境退化相伴，全球化导致经济增长加速，对环境的压力加大。如果有适当的环境政策，国际贸易就会提高福利水平，但贸易壁垒不是良好的环境政策，我们应该用贸易机制促进环境政策被采纳与被实施。经济一体化具有重要的环境影响，因为经济一体化降低了单个国家的管制能力。当然，即使各国不进行贸易，在生态意义上，它们也是相互依赖的。可是，正在发生的越境和全球性环境问题增加了在环境事务方面合作的必要性。

经济全球化及其起支配作用的环境制度，是如何影响地方、全国和全球环境的？有经济学家指出，应该从贸易自由化如何通过资源配置影响环境质量、环境政策又是如何影响贸易模式这两个方面来进行研究。

刘畅通过对我国1999—2009年外商对华投资与碳排放量现状的分析，认为国际直接投资会加剧我国的环境污染，给我国发展低碳经济带来了巨大挑战。[2] 李泉、

---

① Douglas Holtz-Eakin & Thomas M Selden, "Stoking the fires? CO_2 Emissions and Economic Growth," *Journal of Public Economics*, 57（1995）：85–101.

② 刘畅：《论跨国公司对华投资与我国低碳经济的发展》，《国际商务（对外经济贸易大学学报）》2011年第3期。

马黄龙基于全国 39 个城市近 10 年的面板数据，运用探索性空间数据分析法分析了国际直接投资对环境污染的影响，发现国际直接投资资金集聚对环境污染的影响曲线呈"U"形，且处于曲线的左半段，说明目前我国大中城市吸引的国际直接投资是清洁型投资，能有效缓解当地的环境污染。[①]

一、环境问题与公共政策

（一）环境问题的产生

环境学者认为，环境问题是市场失灵的结果。发生市场失灵一般有垄断、外部性、公共物品（公共资源）和信息不对称等方面的原因。外部性是指行为者不必完全承担自己行为的成本或不能获得行为的全部收益的情况。前者为负外部性，即个人只承担其行为成本的一部分，有相当部分成本由非行为者承担，由此导致生产和消费中的污染和资源利用过度；后者为正外部性，即个人只获得了其行为所产生的部分收益，相当部分收益被他人无偿占有，由此导致对有利于环境保护和污染治理的生产和消费行为的激励不足。因此，消费和生产中的外部性是环境问题的重要原因。

针对外部性产生的市场失灵，采取的公共政策通常是指标和命令控制，特别是控制有负外部性的行为，如规定企业生产或设备的排污标准和排污量等。征税与补贴分别对应负外部性与正外部性。[②]

（二）经济全球化对环境政策的影响

1. 经济增长、贸易与环境

经济增长、贸易与环境极为复杂地联结在一起。贸易收益足以支付额外的削减费用，而环境管制对竞争力的影响很小，环境措施有时会让位于竞争力考量。经济增长可能可以解决一部分的问题，但只限于解决地方污染问题，经济增长不足以扭转环境退化。如果有适当的环境政策，在理想状态下，贸易自由化无疑会提高福利水平。然而，贸易自由化也可能加重不良环境政策的后果。而取消贸易扭曲的政策措施则会减轻扭曲，如减少伐木和渔业补贴。但是，环境政策与贸易政策之间也相互影响。

2. 在世界经济一体化中，创新环境政策

环境问题应从源头开始治理，不管是产生污染的生产过程，还是自然资源没有界定产权。另外，如果把一些间接联系作为解决问题的目标，如进出口，就会转移本应放在根本问题上的视线和注意力。在某些情况下，强烈的贸易疗法甚至会使问

---

① 李泉、马黄龙：《人口集聚及外商直接投资对环境污染的影响——以中国 39 个城市为例》，《城市问题》2017 年第 12 期。

② 张五常：《经济解释》，中信出版社，2015。

题加重。一般而言，一旦我们偏离环境政策的最优原则，即偏离针对问题根源的政策的原则，不仅政策效果难以预料，也会给社会带来不必要的成本。当然，这将不只是对经济发展不利，对环境也不利，因为这样就会使环境政策的成本很高。贸易措施不是解决环境问题的最优政策，但是贸易措施在某些情况下却是促进多边环境协议的有效机制。但以这种方式应用贸易政策会给多边贸易体制带来诸多风险。例如，世界贸易可以起到积极作用，如促进环境友善技术在全球的传播，这要求各国取消对现代技术和环境服务提供者的贸易壁垒，取消对环境有害的补贴，如能源、农业和渔业补贴。这将是一种双赢的结果，对环境和世界经济都有利。

二、基本原则：自由贸易、公平竞争

1. 建立基本原则

以市场为基础的充分自由竞争包括非歧视待遇原则（最惠国待遇＋国民待遇）、关税（唯一保护手段）、互惠原则、贸易壁垒递减（关税减让）、公平贸易原则（反倾销＋反出口补贴）、市场开放原则、禁止数量限制、贸易政策法规的统一性和透明性原则、给予发展中国家特殊待遇的原则。自由竞争原则指商品价格由市场供求关系来决定，非歧视待遇、最惠国待遇、互惠原则通过关税减让原则来使其实现。通常的非歧视性原则是通过最惠国待遇和国民待遇原则来实现的。无条件互惠原则是指，若一国降低关税，则其他国家也必须按照同等比例削减，但不应期待发展中国家给予同等的回报。

2. 经济全球化的演进

由于成功地降低了贸易壁垒和技术进步，在最近几十年中，世界经历了前所未有的经济全球化。通过货物和服务的交换，以及资本、信息，还有劳动力的流动，国家之间更加相互依赖。国民待遇是指一国给予所有缔约国的人民和企业与本国公民和企业在经济上同样的待遇，这种待遇主要包括税收、知识产权的保护、市场的开放等，以保证缔约国产品与本国产品以同样的条件竞争。例如，某一缔约国对其他任何缔约国输往该国的产品，给予与本国同类产品相同的待遇。透明度原则指把所有的配额和其他非关税壁垒转换成关税，然后再逐渐降低关税。原则上所有政策法规都应该提前公布。自创立以来，多边贸易体制不断向前演进。

第二节　WTO 规划及其对环境的影响

长期以来，WTO 高度重视环境政策。早在 1994 年的乌拉圭回合结束时，来自参加国的贸易部长们决定，在 WTO 中开始进行贸易与环境问题综合规划，使环境与持续发展议题成为 WTO 工作的主流部分。

早在 1970 年，贸易与环境的关系开始引起人们的重视，重点是环境政策对贸易的影响与贸易对环境的影响，如贸易与环境保护的冲突，环境意识变为贸易保护主义。但 WTO 成员方确信，开放公平和非歧视的多边贸易体制，对于更好地保护环境资源和促进可持续发展来说是一个重大贡献。

一、多地环境协议

除 WTO 以外，全球还有 200 多个国际协议用于处理各种环境问题，这些协议叫作多边环境协议。在这些协议中，约有 20 个协议的条款可能影响贸易，如禁止某些产品的贸易，或者在一定情况下允许各国限制贸易。在这些协议中，有蒙特利尔保护臭氧层协议、危险废物贸易或跨国境运输的巴塞尔公约、濒危物种国际贸易公约等。

WTO 的非歧视和透明度原则与必须保护环境的贸易措施（包括根据环境协议采取的行动）并不冲突，关于货物、服务业和知识产权协议中的条款允许各国政府优先考虑其国内的环境政策。解决国际环境问题的最有效方法是通过环境协议。但贸易限制不是唯一可以采取的行动，且这些限制不见得是最有效的。我们可以选择的办法包括：帮助各国获得环境可靠技术，向他们提供财政援助、培训，等等。换言之，利用国际环境协议的条款远比一个国家自己试图改变其他国家的环境政策更好。例如，为保护环境而对贸易有一定影响的行动，在一些环境协议中可以起到重要作用，特别是在贸易是产生环境问题的直接原因时。

二、WTO 协议中的"绿色"条款

WTO 协议中处理环境问题的绿色条款包括：①关税及贸易总协定第 20 条，是影响货物贸易保护人、动植物生命或健康的政策，在一定条件下豁免正常的关税；②技术贸易壁垒（即产品和工业标准）、卫生及植物保护措施（动植物卫生和卫生学）协议，明确认同环境目标；③农产品协议，环境计划豁免补偿削减；④补贴和反补贴协议，为适应新的环境法，允许补贴达到公司成本的 20%；⑤知识产权协议第 27 条，对于危及人、动植物生命或健康，或严重破坏环境的专利，政府可以拒绝发证；⑥服务贸易总协定第 14 条，是影响服务贸易保护人、动植物生命或健康的政策，在一定条件下豁免正常的关税。

1. 生态标记：环境健康产品

给环境健康产品贴标记是重要环境政策手段。对于 WTO 来说，关键问题是，贴标记的要求或做法不能被歧视，无论是在贸易伙伴之间（应当适用最惠国待遇），还是在国内产品或服务和进口产品之间（国民待遇）。标记是用来说明产品的生产方式是否环境健康，但是怎样根据 WTO 技术贸易壁垒协议的规则处理标记问题，需要贸易与环境委员会进一步讨论。

2. 知识产权和服务业

对于贸易体制的规则如何影响这两个领域的环境政策，或受这两个领域的环境政策的影响，贸易与环境委员会认为：需要进一步研究服务贸易总协定的这个部门与环境保护之间的关系；知识产权协议有助于各国获得环境保护技术和产品，需要研究知识产权协议与生物多样性公约之间的关系。

 **经典案例** □□□

金枪鱼－海豚争端

一个国家不可以告诉另一个国家其环境规定应当是什么样。贸易规则允许针对货物生产方法（而不是针对货物质量）采取行动。这是一个涉及环境问题的争端案件，是按照旧的关税及贸易总协定争端解决程序处理的。

在太平洋东部热带地区，黄鳍金枪鱼群通常在海豚群的下面游泳，用大型抢网捕捞金枪鱼时，海豚也会被捕进拖网，不被释放的海豚就会死掉。美国海洋哺乳动物保护法为美国国内捕鱼船和太平洋地区用捕鱼船捕获黄鳍金枪鱼的国家规定了保护标准。向美国出口金枪鱼的国家如果不能向美国政府证明它达到了美国法律规定的海豚保护标准，美国政府将禁止进口来自这个国家的所有鱼类。

在这次争端中，墨西哥是有关的出口国家，它向美国出口的金枪鱼遭到禁止，于1991年按照关税及贸易总协定争端解决程序提出了控告。这个禁令还适用于将金枪鱼从墨西哥运到美国的"中间"国家，通常金枪鱼在这些国家之一进行加工和装进罐桶。在这次争端中，面临禁令的"中间"国家是哥斯达黎加、意大利、日本和西班牙。

1991年2月，墨西哥要求成立专家小组，同年9月，专家小组向关税及贸易总协定成员作了报告，内容包括：美国不能只是因为墨西哥的金枪鱼生产方式不能满足美国的规定而禁止从墨西哥进口金枪鱼产品，但是美国可以将其规定适用进口金枪鱼的质量。这被认为是一个"产品"对"方式"问题。

WTO规则不允许一个国家试图在另一个国家执行自己国内法而采取贸易行动。这项裁定背后的理由是，如果美国的辩护被接受，那么，任何国家都可以禁止进口来自另一国家的产品，仅仅是因为这个出口国家的环境、卫生和社会政策与自己的不一样。

对于要求把金枪鱼产品贴上"海豚无害"标记的美国政策（让消费者选择是否购买产品），专家小组的意见是，这个要求并不破坏关税及贸易总协定规则，因为它意在阻止所有金枪鱼产品的骗人广告，无论是进口的或是国内生产的。

第三节　欠发达国家的环境恶化问题

世界部分发展中国家的困难，不仅在于环境恶化成本常出现在市场体制外，而且，市场外的环境服务功能是与经济产出联系在一起的。这些国家滥用资源、减少环境吸收能力或再生能力，导致自然资源恶化、服务功能下降。

一、发展中国家增长的环境问题

（一）环境的整体性与区域性

环境的整体性指的是环境的各个组成部分或要素构成了一个完整的系统，故又称为系统性。整体性是环境的最基本特性，整体虽由部分组成，但整体的功能却不是各组成部分的功能之和，而是由各部分之间通过一定的联系方式所形成的结构及其所呈现出的状态决定的。环境的区域性指的是环境（整体）特性的区域差异。不同（面积大小的不同、地理位置的不同）区域的环境有不同的整体特性，因此，它与环境的整体性是同一环境特性在两个不同侧面上的表现。

环境的整体性与区域性使人类在不同的环境中采用了不同发展模式，进而形成不同文化。经济增长对环境的影响，包括经济活动在提供人们所需的产品时，也会产生一些副产品。①环境通过各种各样的物理、化学、生物反应，容纳、稀释、转化这些废弃物，并由大气、水体和土壤中的大量微生物将其中的一些有机物分解成为稳定的无机物，又重新进入不同元素的循环中，称为环境的自净作用。②环境消纳废物的能力又称为环境容量。某些人工合成的有机物（如塑料薄膜、有毒化学品等）难于被微生物降解，遂成为公害。

（二）欠发达国家的环境困境

地球环境一直给人类生存提供着大量的能源资源。伴随着人类5000年农耕文明、近300年的工业文明进程，世界人口快速增加、经济持续增长，地球上某些不可再生资源日益稀缺。尤其是发展中国家，存在不少环境问题困境。

1. 水土流失

水土流失原因有过度砍伐、土地利用方式不当等。①现场：导致土地质量和农业产出下降。②非现场：导致下游水利、灌溉系统功能破坏，下游地区农业、水产和渔业损失，航行和水力发电减少，自然灾害增加。

2. 过度砍伐

过度砍伐原因有扩大种植、开发建设、贸易等。现场：导致森林蓄积量下降。非现场：导致水土流失、土地退化。

3. 过度放牧

边际土地开发、不当灌溉和植被破坏、生态服务功能降低；物种灭绝；旱地退化（荒漠化）。

（三）欠发达国家的环境问题形成恶性循环

部分欠发达国家因经济落后、战乱、社会不稳定等而不能合理、有效利用环境资源，一旦形成恶性循环，往往会给他们的可持续发展带来极大的、实际性的危害，如图 9 - 1 所示。

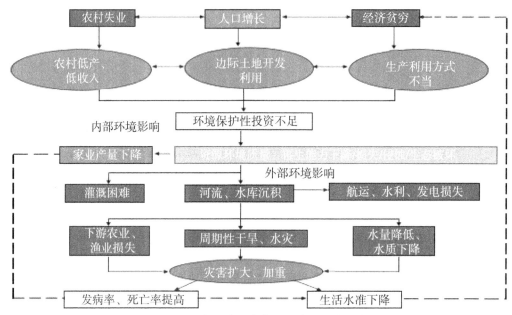

图 9 - 1 欠发达国家资源环境恶化的影响

资料来源：中国环境网、百度。

部分欠发达国家的环境承载力下降，使其生态、服务和资源功能的价值远远大于改用其他用途的经济价值，也就是说破坏环境造成的恶性循环会给人类带来灾难。

二、经济增长与环境质量的相互影响

（一）经济收入分配与环境的相互影响

1. 国家间的收入分配不公，影响发展中国家环境的保护

研究发现，发达国家与发展中国家间的收入分配不公影响了发展中国家的产业升级，进而影响了发展中国家对环境的保护。发展中国家内部收入分配问题对环境的影响表现为穷人比富人更加依赖于自然资源，如果他们没有可能得到其他资源，他们或许会更快地消耗自然资源，而退化了的环境会加速他们的贫困进程。

2. 政策和人口压力是环境损失的主要原因

可用以下措施来减少环境损失：①在恢复力很强、最有生产潜力的地区提高农业生产力，从而改善那些最贫困人口的福利，减少把人口从恢复力强的区域错误地布局在边际土地上而给边际土地施加压力的行为；②通过水资源保护、生态农业、植树造林及生态林业等措施减少边际土地的脆弱性，对于具有恢复力的地区，政策手段必须包括投资、刺激手段、基础设施、信贷、信息支持及制度建设（包括通过

土地和资源的所有权建立和强化资源产权）等。从特点上看，前者更具有技术化的特点，后者的重点是体制和刺激手段。在一定的投资水平下，通过保护脆弱的资源基础可以得到可观的收益。还应当认识到城市化是重要的、能够减少农用土地压力的积极力量，但是，必须注意避免把城市变成未来贫困的摇篮。需要采取适当的城市政策以刺激生产力的提高，减少贫困并改进环境管理。

（二）发展中经济体与环境质量的相互影响

环境质量下降引发环境与贫困的恶性循环，损害生产要素的质量；环境治理成本投入降低经济增长率；严格的环境管理可能影响国际贸易中的行业竞争力；污染削减的投资成本可能影响企业的竞争力。

注重发展中国家的环境（经济）问题。针对发展中国家开展环境问题的对策研究，包括解决市场功能不完善的问题、制度执行中的交易成本过高的问题、市场信息不对称的问题。

本 章 小 结

经济增长、贸易与环境极为复杂地联结在一起。贸易收益足以支付额外的削减费用，而环境管制对竞争力的影响很小，环境措施有时会让位于竞争力考量。经济增长可能可以解决一部分的问题，但只限于地方污染问题，经济增长不足以扭转环境退化。如果有适当的环境政策，在理想状态下，贸易自由化无疑会提高福利水平。然而，贸易自由化也可能加重不良环境政策的后果。而取消贸易扭曲的政策措施，则会减轻扭曲，如减少伐木和渔业补贴。但是，环境政策与贸易政策之间也存在着相互影响。

换言之，利用国际环境协议的条款远比一个国家自己试图改变其他国家的环境政策更好。环境是人类从事生产的物质基础，也是各种生物生存的基本条件。环境整体及其各组成要素都是人类生存与发展的基础。国民生产总值（GNP）只能反映产品资本，可持续发展则尤其重视自然资本及人力资本的作用和价值，强调自然资本是人类生存与可持续发展的基础。

思 考 题

1. 经济一体化条件下的国际贸易是否危害环境？
2. 贸易、经济增长与环境有什么关系？
3. 通过贸易与投资实现经济一体化，是否是对环境构成威胁？
4. 贸易自由化是否对政府控制污染和资源退化的管制行为构成危害？
5. 贸易驱动的经济增长是否有助于我们朝着世界环境资源的可持续利用方向

前进？

6. 如果一个国家认为另一个国家的贸易破坏环境，这个国家可以怎么做？一国可以限制另一个国家的贸易吗？如果可以，是否有什么条件？

第十章　资源环境与可持续发展路径

资源环境是经济社会可持续发展的基础。低碳可持续发展不是一个单纯的经济学问题，而是一个涉及自然科学、社会科学等诸多研究领域的科学问题，是一个复杂性、综合性系统工程实践问题。低碳可持续发展追求代际、区域间的公平与效率，追求人类平衡与增长极限。温室气体排放引起全球气候变暖，备受国际社会、各国政府的关注。研究表明，我国进一步加强节能减排工作，是应对全球气候变化的迫切需要，也是我们应该承担的责任。

据库茨涅兹曲线，碳排放强度与产业结构演化之间存在倒"U"形关系。我国进入工业化中期之后，第三产业比重上升和高耗能产业比重下降是碳排放强度降低的主要原因。我国实现 2020 年碳排放强度降低 40%～45% 目标，是发展模式转变、产业结构调整取得的实质性成效。

需要建立低能耗、低污染、低排放的城市交通体系。建立城市低碳交通体系，主要包括多中心空间布局、以公共交通为主的交通工具系统、自觉低碳出行的交通主体、发达的低碳交通技术、先进的交通管理 5 个有机组成部分。这 5 个体系可以实现交通拥堵最少、交通需求最低、机动交通工具使用最少、机动交通工具碳排放最低，从而达到交通排放最低的目标。

低碳农业是一种现代农业发展范式。它以减少温室气体排放为目标，以技术发展、模式创新、产业转型、新能源开发利用等作为手段，通过加强基础设施建设、调整产业结构、提高土壤有机质、做好病虫害防治、发展农村可再生能源、综合利用农业废弃资源等，使农业生产、农民生活方式发生转变，实现低能耗、低排放、高效率、高碳汇的农业发展范式。

第一节　低碳的实质是可持续发展

西方一些经济学家，如马尔萨斯、李嘉图和穆勒等，较早地在其研究著作中提出人类消费的物质限制，即人类的经济活动范围存在着生态边界。从实质来看，全球气候治理的本质是低碳化绿色发展，那么，我国应如何确定节能减排的重点方向？

一、全球气候治理的本质是低碳化发展

低碳化发展对世界与我国未来的经济发展的影响深远。因此，国际能源发展的基本方针是：坚持节约优先、立足国内、多元发展、保护环境，加强国际互利合作；努力构筑稳定、经济、清洁、安全的能源供应体系，以能源的可持续发展支持经济

社会的可持续发展。经济结构调整、提高能效、发展新能源技术是发展低碳经济的主要对策。

转变经济社会发展方式，调整产业结构，提高产品增加值，有效引导社会需求和公众消费，是节能减排的实现路径。政策激励与相关企业自身发展动力相结合，顺应了世界经济技术变革潮流，有助于我国形成绿色能源工业体系，提升企业自主创新能力和国际竞争力。国家应加强应对气候变化的法律法规体系、政策体系和管理机制建设，为企业低碳化发展营造良好的制度环境、政策环境和市场环境。政府、企业和金融机构要明确自身定位，发挥各自不同的作用。

1. 节能减排、实现低碳经济发展目标

节能减排是我国实现低碳经济发展的主要目标之一。相关目标如下：一是国家通过制定十大节能工程，并与1000家大型企业签署节能协议，淘汰落后产能；二是国家制定高耗能产品和终端能耗标准（46项），新建建筑实行50%～65%的节能标准，并制定激励节能和可再生能源发展的财税政策；三是2020年与2005年相比，GDP增长3～4倍，实现单位GDP的二氧化碳强度下降40%～45%的目标。

2. 确定节能减排的重点路径

实现产业结构调整升级。一是大力发展第三产业，以专业化分工和提高社会效率为重点，积极发展生产性服务业；二是以满足人们需求和方便群众生活为中心，发展生活性服务业；三是要大力发展高技术产业，坚持走新型工业化道路，促进传统产业升级，提高高新技术产业在工业中的比重；四是积极实施"腾笼换鸟"战略，加快淘汰落后生产能力、工艺、技术和设备；五是对于不按期淘汰的企业，依法责令其停产或予以关闭。

3. 发展循环经济，加快园区生态化改造

按照循环经济理念，加快园区生态化改造，推进生态农业园区建设，构建跨产业生态链，推进行业间废物循环。要推进企业清洁生产，从源头减少废物的产生，实现由末端治理向污染预防和生产全过程控制转变，促进企业能源消费、工业固体废弃物、包装废弃物的减量化与资源化利用，控制和减少污染物排放，提高资源利用效率。

4. 培育科技创新型企业，提高区域自主创新能力

加强与科研院校合作，构建技术研发服务平台，着力抓好技术标准示范企业建设。围绕资源高效循环利用，积极开展替代技术、减量技术、再利用技术、资源化技术、系统化技术等关键技术研究，突破制约循环经济发展的技术瓶颈。

5. 提振能源节约和环境保护机制

重点扶持循环经济发展项目、节能降耗活动、节能减排技术创新等。逐步将万元生产总值、化学需氧量和二氧化硫排放总量纳入国民经济和社会发展年度绿色GDP核算计划；建立健全能源节约和环境保护的保障机制，将降耗减排指标纳入政府目标责任和干部考核体系。政府成立发展循环经济、建设节约型社会的工作机构，

研究制定发展循环经济、建设节约型社会的各项政策措施。

二、低碳经济发展目标是实现人口资源与环境协调发展

节约能源包括减少不必要的活动与资源浪费、提高能源管理水平、提高能源利用效率等。

以能源效率提高为核心的技术节能、产业与消费结构调整升级所产生的结构节能，是建设以低碳排放为特征的产业体系和消费方式的基本方向和工作重心。减少石化燃料的使用，尽量利用可再生能源与石化燃料替代品（新兴燃料），尽可能使用可降解材料，以减少对石油等化石燃料的依赖。

我国经济发展路径既不能走"美国路"，也不能走"欧盟路"，我国唯一可选择的是绿色发展，即走可持续发展之路。我国低碳经济发展的方向，是从高碳经济模式转向低碳经济模式，即大力发展低碳能源、低碳产业、低碳城市、低碳交通、低碳企业、低碳家居与建筑、低碳技术、低碳商品市场、低碳服务市场等。

提高消费者的节能意识，加速低碳经济建设进程。既然环境是有成本的，我们就应该对它征税。碳税跟能源税不一样，征能源税可能会打压可再生能源，但是如果我们加以区分，只对碳征税，那么就只会打压高碳能源。高碳能源的比较收益降低，那么零碳、低碳能源的比较成本就降低了，市场竞争力也会增强。

我国发展低碳经济的有利条件为：减排空间大；通过结构调整、技术革新和改善管理等途径，实现节能减排的余地较大；减排的成本较低；技术合作潜力大。

发展低碳经济的技术路径为：一是转变经济发展方式，发展低碳能源技术、提高能源效率、改善能源结构，从生产、生活方式上建立低碳发展模式与低碳消费模式；二是低碳化发展必须和建成小康社会结合起来，这是提振经济与环境质量要求的主要方面；三是发展低碳经济，要求我们的经济由出口、投资拉动，进入创新、内涵式发展阶段。采取技术上可行、经济上合理及环境和社会可以承受的措施，从能源生产到消费各个环节降低能耗，减少损失和污染物排放，制止浪费，合理地利用能源。

发展低碳经济、转变经济社会增长方式，是应对气候变化最根本的战略选择，也是我国可持续发展的内在需求。发展低碳经济的范式是以减少温室气体的排放为目标，构筑以低污染、低能耗为基础的经济贸易体系，包括低碳能源系统、低碳技术和低碳产业三大体系。在全球应对气候变化大背景下，发展低碳经济已成为世界经济社会变革的潮流。

第二节　绿色能源实现低碳排放

实现经济结构的多元化和能源消费结构的多元化，最终会使生态文明国家的能源结构从以高碳燃料为主转向以低碳为主。低碳交通运输是一种以高能效、低能耗、低污染、低排放为特征的交通运输发展方式，其核心在于提高交通运输的能源效率，改善交通运输的用能结构，优化交通运输的发展方式；目的在于使交通基础设施和公共运输系统最终减少以传统化石能源为代表的高碳能源的高强度消耗。大卫·格雷（David Gray）等构建了经济增长－交通运输量－碳排放关系模型，研究结果表明：在工业发展初期，物质资源消耗总量与一国或经济体的经济增长同步增长，在进入特定阶段后，就会出现物质能源消耗总量随经济增长而下降的趋势[①]。

一、世界低碳能源革命与绿色排放

（一）未来能源革命与绿色排放

能源革命与绿色排放将主要发生在三个领域：一是能源的提供方式，即由化石燃料（石油、煤炭）转向清洁能源；二是能源的运输方式，由电网运输向智能（分布式）电网过渡，包括互动、虚拟的电网形式，以及电池汽车入网（V2G）等；三是在消费端，由用油过渡到用电，减少工业能耗，以及降低建筑和照明能耗，大力发展新能源汽车，并引导消费者行为。

我国低碳化发展的实现路径有五：一是调整产业结构，发展具有低碳特征的产业，限制高碳产业的市场准入；二是降低对化石能源的依赖，走有机、生态、高效农业的新路子；三是发展低碳工业，优化能源结构，提高能源效率，减少二氧化碳排放；四是建设低碳城市，开发低碳居住空间，提供低碳化的城市公共交通系统；五是通过植树造林增强生物固碳，扩大碳汇。

（二）绿色低碳交通

低碳交通就是在日常出行中选择低能耗、低排放、低污染的交通方式，这是城市交通可持续发展的大势所趋。

目前，城市中主要的低碳交通方式以公交、地铁、轻轨等为主，自行车交通以其轻便、灵活、环保、舒适的特点，也成为城市短途出行中不可缺少的重要方式。城市的交通运输业对油品的消耗较大，城市大气环境污染严重，环境质量每况愈下，所带来的环境问题也越来越严重。交通运输业是继工业和建筑业之后的第三大排放

[①]　David Gray, Jillian Anable, Laura Illingworth and Wendy Graham, "Decoupling the link between economic growth, transport growth and carbon emission in scotland," 2006, p. 48.

源，城市交通的碳排放量在城市整体的碳排放结构中占据较高的比例。

我国小汽车的人均能量消耗最大，几乎是公共汽车的 4 倍；轨道交通耗能最小，只有公共汽车的 31.25%、小汽车的 8.45%。从废气排放来看，轨道交通碳氧化物、氮氧化物和硫氧化物的排放量分别是公共汽车的 3.75%、71.43%、52.63%。据专家的精确计算，如果我国有 1% 的个体小汽车出行方式转为乘坐公共交通运输工具，仅此一项全国每年将节省燃油 8×10^7 L。这些数据表明，轨道交通、公共汽车在交通系统中比例越高，交通系统的碳排放就越少。要实现城市交通领域碳排放最大限度地降低，就必须创建城市低碳交通体系。

（三）发展低碳农业

低碳化农业是以减少温室气体排放为目标，以技术发展、模式创新、产业转型、新能源开发利用等作为手段，通过加强基础设施建设、调整产业结构、提高土壤有机质、做好病虫害防治、发展农村可再生能源、综合利用农业废弃资源等，实现农业生产和农民生活方式的转变，发展低能耗、低排放、高效率、高碳汇的农业。

低碳农业的"碳汇"模式从生物角度看，是恢复物种多样性，使用有机肥，种植环境友好型农作物，降低对天然植被的破坏，增强土壤的固碳能力；从非生物角度看，是减少化肥用量，改进害虫防治技术，降低灌溉用水，减少能源利用，降低碳排放水平。

我国现代化农业发展模式分类如图 10 - 1 所示。

图 10 - 1 现代化农业发展模式分类

资料来源：中国农业网、百度。

（1）立体种养的节地模式。立体种植、养殖充分利用土地、阳光、空气、水，拓展了生物生长空间，增加了农产品产量，提高了产出效益。例如，在江苏的江海冲积平原常见农作物立体种植，桑田秋冬套种蔬菜、桑田夹种玉米的农桑结合，意杨林中套种小麦、大豆、棉花等农作物的农林结合，苗木合理科学夹种的苗木立体种植，稻田养殖、菱蟹共生、藕鳖共生、藕鳝共生的农渔结合，稻田养鸭的农牧结合，意杨树下种牧草，养殖羊、鸭、鹅的林牧结合，水网地区的渔牧结合，等等。

（2）有害投入品减量替代模式。化肥、农药、农用薄膜的使用，是工业革命成果在农业上的应用，对农业的增产作用显著，但负面作用也不可忽视，既有可能造成农产品的残留，也有可能造成农业面源污染和土壤退化，影响农业的可持续发展。该模式积极探索化肥、农药、农用薄膜的减量、替代；如用农家肥替代化肥，用生物农药、生物治虫替代化学农药，用可降解农用薄膜替代不可降解农用薄膜。农业部门开展测土配方施肥和平衡施肥，根据土壤状况和农作物生长需要，确定化肥的合理施用量。

（3）节水模式。大力发展节水型农业，采取科学的工程措施，积极建设防渗渠道和输水管道，减少和避免了水的渗漏与蒸发；改造落后的机电排灌设施。推广水稻节水灌溉技术和农作物喷灌、微喷灌、滴灌等技术，提高水资源的利用率。

（4）节能模式。推广节能技术，从耕作制度、农业机械、养殖及龙头企业等方面减少能源消耗。改革不合理的耕作方式和种植技术，探索建立高效、节能的耕作制度。大力推进免少耕、水稻直播等保护性耕作。旱作地区推广耐旱作物品种及多种形式的旱作栽培技术。冬季建造充分利用太阳能的温室大棚，种植反季节蔬菜。推广集约、高效、生态畜禽养殖技术，降低饲料和能源消耗。利用太阳能和地热资源调节畜禽舍温度，降低能耗。

（5）清洁生产基地模式。建设"三品"清洁能源基地模式。"三品"指无公害农产品、绿色食品、有机食品。这些农产品因其品质好、无农药残留或微农药残留，深受消费者欢迎。近年，各地大力推进"三品"基地建设，农产品的安全性能大大提高。

（6）清洁能源模式。利用农村丰富的资源发展清洁能源，如风力发电、秸秆发电、秸秆气化、沼气生产、太阳能利用等。

（7）产品加工循环模式。例如，稻米加工企业可以以优质稻米为原材料生产精制米、米粉、米淀粉。产生的稻壳可作燃料，米浆水中可提取淀粉，再从淀粉中提取葡萄糖和米蛋白，过滤后的水送到养猪场喂猪。养猪场有机肥施入企业的稻米生产基地。

（8）农业观光休闲模式。观光休闲的主要场所有农村天然景观、历史人文遗址、休闲农庄、农业高新技术园区、特色农业产区、特色产品专业市场、知名度高的乡镇企业等。

（9）"互联网＋"模式。随着我国低碳服务的不断普及，低碳服务业在低碳经济发展中的重要性越来越显著。对其概念进行界定并不能深入地理解低碳服务产业的内涵与外延，有必要对低碳服务业的种类进行划分。

第三节　发展低碳新兴服务业态

新兴服务业一般出现在工业化的后期，是指在工业产品的大规模消费阶段以后出现加速增长的服务业，如教育、医疗、娱乐、文化和公共服务等。此外，低碳服务业还包括社会性服务业与国际标准行业分类新增的服务类别相交叉的部分，如低碳行政管理及相关支持服务、低碳科学研究和技术服务、其他低碳服务业等。

一、国际服务业的分类标准

低碳服务业主要划归为生产者服务业，有一部分服务内容属于消费性服务业。

国际上服务业分类方式主要有根据服务的性质与功能划分、根据服务业在不同经济发展阶段的特点划分、根据服务的供给（生产）导向划分、根据服务的需求（市场）导向划分等，比较流行的标准分类方法主要有辛格曼分类法、联合国标准产业分类法（2006年版）、北美产业分类体系（1997年）等。

低碳服务业是指实现最小碳排放的现代服务业，是以低碳技术为支撑，在充分合理开发、利用当地生态环境资源基础上，实现最小碳排放的现代服务业。低碳服务业是发展的重点。目前，要使我国的服务业顺利地从"高碳"向"低碳"转型，需要在餐饮、旅游、金融等几个重点行业进行改革，以对其他行业起到带头示范作用，促进整个服务业的健康可持续发展。

低碳旅游服务业。低碳旅游在许多国家和地区得到重视，其发展势头十分迅猛。尽管目前低碳旅游在学术界没有一个统一的定义，但都会遵循共同原则，即以自然为基础、对自然保护做贡献、当地社区受益、负有道德规范与责任、具有可持续性、低能耗、低污染、低排放、兼具旅游享受与体验和文化熏陶等。

低碳金融产品和服务。低碳金融是指金融机构和组织运用相关的金融产品和服务，在引导资金流向、社会资源配置中考虑生态保护和对污染的治理，通过加大对环保产业和技术创新的支持力度，以期达到经济的持续发展和社会福利的持续最大化的一系列金融活动。

低碳餐饮业。可以理解为运用安全、健康、节能、环保理念，坚持低碳管理，倡导低碳消费，以维持生态的平衡和资源的可持续利用为目标的绿色食物和饮料的生产和消费过程。因此，低碳餐饮不仅仅要求食物本身的天然与营养，还要求食物的生产和消费过程的低碳环保。

我国从1985年起，第三产业一直是服务业的同义语，直到2003年国家统计局根据《国民经济行业分类》（GB/T 4754—2002）颁布了新的三次产业划分，明确把农、牧渔服务业列入第一产业。至此，服务业与第三产业不再等同，因此，建立专门的低碳服务业分类标准对社会经济发展和低碳产业政策的制定具有重要的意义。

二、发展低碳服务产业的措施

按照产业发展过程将低碳服务业分成三大板块、六大一级产业。这三大板块分别为低碳服务理论的产生、低碳服务理念的传播、低碳服务的运用。三大板块下设六大一级产业，分别为低碳技术、服务研究与发展，低碳教育、培训产业，低碳信息服务业，低碳综合管理服务业，低碳商务服务业，公共低碳管理服务业。其中，低碳教育、培训与公共低碳管理属于低碳公共服务，是不带有盈利性质的低碳经济活动。

低碳理念是企业低碳管理的核心，要求企业在发展过程中具备强烈的环保意识，以长远的战略眼光来看待环境保护问题。实现服务途径清洁化是服务企业实现低碳化转向的重要标志之一。施行 ISO14000 低碳认证是企业推行低碳管理的有效途径，也是提高企业国际竞争力的重要砝码。而 ISO14000 则是国际标准化组织制定的环境管理国际标准，是目前最具代表性的低碳认证。取得该认证，即意味着企业在公众中的信誉度、美誉度提升，企业的竞争力增强。

大力开展低碳营销，向广大消费者普及低碳消费知识，提高消费者的环境保护意识，形成低碳消费观，使消费者建立合理的低碳消费结构和多样的低碳消费方式等。通过低碳消费知识的教育，促进服务业不断强化其低碳服务意识，不断改进其低碳服务措施，为企业开辟一条增强竞争力的新途径，这是我国企业实现可持续发展的必然选择。

我国发展低碳服务业的外部对策包括：政府部门应尽快制定和完善相关法律、法规和政策制度，相关法律有《中华人民共和国节约能源法》《中华人民共和国可再生能源法》《中华人民共和国固体废物污染环境防治法》；实施财政补贴、减免税收，以及优惠的信贷、投资等政策；满足消费者的低碳服务需求，顺应现代社会消费发展趋势。

第四节　产权对资源环境的影响

著名产权经济学家巴泽尔认为："产权界定越明确，财富被无偿占有的可能性就越小，因此产权的价值就越大。但同时，由于权利的界定受个人最优化的影响，这种界定要消耗资源，完全界定的成本更是非常高的。因此，产权又永远不会是完全界定的。"环境资源与环境承载力的有限性与人类需求的无限性之间的矛盾使环境资源注定是稀缺的。当人们对环境资源的利用超越或接近环境承载力的边缘时，环境资源的稀缺性就会迅速凸显。而建立环境资源产权制度的紧迫性就源于此。

古往今来，人类的生产活动其实就是开发各种资源并使之为人类服务的过程。环境资源产权可能是所有产权关系中最模糊的一个概念。产权界定的模糊，使对环境资源的过度利用成为引发当下环境质量下降的主要原因之一。环境资源为地球上一切生命所共有，在被人们使用、享受时并没有明确的边界或归属。

一、环境资源产权的界定

1. 环境资源产权是一种新型的、独立的、复合的权利

环境资源产权是物权与特许权的复合体。环境资源产权的物权性质表现在，产权在行使过程中，主要是对环境资源的占有、使用、收益；产权在交易过程中，主要遵循物权交易的规则。环境资源产权的特许权性质表现在，环境产权的获得必须经过行政许可，行使过程必须接受许可机关的监督管理，交易过程必须经过许可机

关的审批。

2. 环境资源产权是权利与义务的复合体

传统产权的权利人，可以排他性地行使权利，也可以请求他人满足自己的权利要求。物权理论中"物尽其用"原则也并非强制性的，而环境资源产权则不同，"合理利用环境资源"中的"合理"，即意味着义务。拥有了利用环境资源的权利，也就必须履行相应的义务，这是强制的规则。这个特征是环境资源产权不同于其他产权之处。

3. 环境资源产权是经济权与社会权的复合体

物权、特许权属于法律概念，而产权属于经济学概念。当产权不涉及外部性问题时，产权纯属一种经济权。比如房屋所有权，它一般不会产生外部性问题，所以完全归属于经济权。但环境资源产权中存在非常显著的外部性问题，这是与其他产权很不同的一点。外部性内在化的过程，其实是社会权向经济权融合的过程，而环境产权正是这一过程的产物。

二、基于产权理论的政策影响

1. 产权理论的实践：《清洁空气法案》修正案

以科斯定理为理论基础，界定环境资源产权的创新性尝试有很多，排污权交易政策就是其中最为典型，也相当成功的一个例子。排污权交易于20世纪70年代由美国经济学家戴尔斯提出，并首先被美国联邦环境保护局用于大气污染及河流污染的管理，其中在二氧化硫污染治理方面取得的成绩尤为突出。

早在20世纪80年代，美国每年的硫氧化物的排放总量超过2×10^7 t，其中75%来自火力发电厂，50家设备落后的老火力发电厂的硫氧化物的排放量就占了总排放量的50%。由于美国各电厂的成立时间不同，技术和设备不同、燃料煤的硫含量不同、各地区的电价不同、税收政策不同，因此州政府对二氧化硫的排放标准不同。这些差别导致各电厂面临的二氧化硫削减成本差别极大。这种情况的存在，也为二氧化硫排污权交易市场的建立提供了基础。1990年美国国会通过了《清洁空气法案》修正案，提出了"酸雨计划"，主要目标是到2010年，美国的二氧化硫年排放量比1980年减少10^7 t，该计划明确规定在电力行业实施二氧化硫排放总量控制和交易政策。

2. 产权理论的实践：享受环境资源带来的福利

环境资源对经济活动具有一定的承载能力，这种承载能力包括了两个方面：环境所能容纳的污染物量和所能提供的自然资源量。当前，随着人口的增加和经济的增长，人们对环境资源的需求越来越大：一方面，人类从自然界中获取的可再生环境资源大大超过了其再生能力，人类消耗的不可再生环境资源的速率远大于人类发明或寻找到替代物的速率，从而导致可再生资源和不可再生环境资源稀缺程度的急剧上升；另一方面，人类排入环境的废弃物（特别是有害物质）的增加，超过了环境的自然净化能力，干扰了自然界的正常循环，也导致了环境容量资源的稀缺程度急剧上升。长此以往，这种对环境资源的过度使用将可能威胁到人类自身的生存安全。

总而言之，面对环境资源的消耗，每一个人都希望能够保护环境，从而使自己尽可能享受环境资源带来的福利。但是在逐利行为的驱使下，个人或企业肆意开发、利用环境资源，从而导致了严重的环境污染问题。

3. 环境资源产权化的必要性

正如科斯第二定理指出的，存在交易费用时，产权的初始界定影响资源配置的效率。产权作为一项重要的制度安排，降低了交易费用。在没有排他性的公有产权安排下，人人都有监督的责任。实际上，监督的成本往往由特定个体独自承受，而监督的成果大家共享。如果人人都有希望别人承担起监督责任的搭便车式的机会主义行为心理，最优效率的结果就不会出现。因此，产权私有化是较为理想的选择，并被认为是解决公地悲剧的最好的办法。

其原因在于，少数个人之间的讨价还价达成协议的成本费用要远低于多数人之间达成协议所花费的成本。更重要的是，产权范围界定明确后，产权以较低的交易费用进行交易，原来不能以市场方式配置的资源也可以通过市场进行配置从而提高配置效率。而要使产权可转移、可交易，其边界必须清晰，明晰的产权边界是保证市场有效配置资源的基本前提。

三、资源产权交易市场

资源产权交易是指资源产权主体之间发生的资源产权的各项权能及其组合的转让行为，包括资源要素的实体的有偿转让和附着在资源要素上的各种权利关系的有偿转让。

1. 资源产权交易

资源产权交易的条件：产权明晰化；资源产权交易的必要条件是健全的产权市场；资产评估是资源产权交易的基础环节；完善的法律法规是资源产权交易的基本保证。资源产权交易的功能：促进资源利用向高收益方向流动，优化配置稀缺资源；强化资源财产的权利、责任和利益关系，提高经营管理效率；有利于完善产权制度体系，推进市场制度建设——产权制度具有政治控制、调节分配模式与促进经济增长的功能。

2. 资源产权交易内容及费用

资源产权交易的内容：一是单项可交易产权权能的交易，如土地的使用权、海洋资源开采权、矿产资源的开采权等产权权能的交易；二是以资源资产为基础的派生权利的交易，如矿产资源的勘探权、水资源管理权等；三是以某一资源资产产权为对象的产权交易，这种交易发生时，资源资产产权的所有权发生了转移，如土地使用权出租等。

市场型交易费用：搜寻信息的费用、谈判和决策的费用、监督和执行成本。

管理型交易费用：建立、维持或改变一个组织涉及的费用，组织运行的费用。

政治型交易费用：主要指政体的组织与运行费用。

本 章 小 结

资源产权交易的必要条件是健全的产权市场；资产评估是资源产权交易的基础环节；完善的法律法规是资源产权交易的基本保证。资源产权交易的功能有：促进资源利用向高收益方向流动，优化配置稀缺资源；强化资源财产的权利、责任和利益关系，提高经营管理效率；有利于完善产权制度体系，推进市场制度建设。科斯第二定理指出，存在交易费用时，产权的初始界定影响资源配置的效率。产权作为一项重要的制度安排，降低了交易费用。在没有排他性的公有产权安排下，人人都有监督的责任。

转变经济发展方式才能使经济发展走向可持续，我们与自然的关系才会更加和谐。把低碳理念融入经济社会发展、城市建设规划和人民高质量生活之中，有助于带动产业升级，这将是一个国家、地区可持续发展的重大举措。从强化资源有效利用、控制环境恶化、缓解生态压力等方面探索，绿色经济是实现环境合理性与经济效率性相统一的市场经济形态，是建立在生态环境良性循环基础上的、生态与经济协调发展的可持续发展路径。

思 考 题

1. 全球气候治理的本质是低碳绿色发展，那么，我国应如何确定节能减排的重点方向？

2. 资源产权的交易主要包括哪些？

3. 为什么说低碳的实质是可持续发展？

4. 如何发展低碳新兴服务业？试结合资源与环境要素，谈谈我们可以选择从哪些方面入手。

规划与展望篇

第十一章　城市集聚与城市交通

以我国城市化进程提速为标志，2007年全球城市人口首次超越总人口的50%，标志着人类社会真正进入了"城市的时代"。城市交通规划建设是人类耗费自然资源最多的一项社会经济活动，城市发展方式的不合理、能源消耗的增长、消费主义的蔓延，也使我们进入了一个全球性"生态透支"的时代，因此，世界能源、环境问题已成为当前人类可持续发展的重大问题。从自然保护和物种多样性角度出发，人口集聚于城市从总体上讲有明显的好处。生态理论则认为分散居住的好处远远高于少数集中居住。城市集聚的净效应在很大程度上取决于管制和治理污染的政治社会制度的有效性，以及城市增长步伐与制度的协调性。

美国经济学家库兹涅茨、钱纳里等根据三次产业在国民生产总值构成中的比例序位关系，结合人均GDP的高低，将经济成长阶段划分为农业时期、工业化时期和后工业化时期三大时期，其中，工业化时期又具体分为初期、中期和后期三个阶段。随着区域经济的增长，城市的产业结构呈现由第一产业依次向第二、第三产业过渡升级的规律，区域城市产业结构调整与升级体现了其内在的规律。

城市的主要职能或主导产业确定后，须进一步围绕主要职能或主导产业发展相应的配套产业和服务产业。工业化水平与城市集聚效应的逻辑关系如图11-1所示。

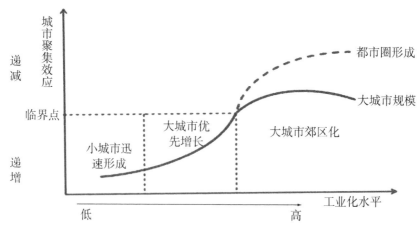

图 11-1　工业化水平与城市集聚效应形成的逻辑关系图

资料来源：孙久文、叶玉民：《区域经济学教程》，中国人民大学出版社，2010；张宇、卢荻：《当代中国经济》，中国人民大学出版，2012。

改革开放40多年，我国的GDP已经从1978年的3624.1亿元上升到2022年的

121.2 万亿元，城市人口也从 1.72 亿增加到 9.21 亿。2022 年，我国有城市 684 座，城市化水平达到 65.22%。我国城市交通的快速发展、经济的快速增长也导致二氧化碳排放量的快速增长。

第一节 低碳城市与交通体系

发达国家建立低碳城市交通、低碳社区的规划思想早已经形成且付诸实践。发达国家在低碳社区、低碳城市交通规划领域有很多先进经验，我们可以借鉴，并以此开展国际合作。为应对气候变暖，实现保护全球气候环境与我国国内可持续发展的双赢，我们要选择低碳城市交通的现代化道路。

一、低碳城市交通提出的背景

21 世纪初，联合国宣布人类正式进入城市化进程。我国以全球 7% 的耕地、7% 的淡水资源、4% 的石油和 2% 的天然气储量来推行全球 21% 的人口城市化。据专家预测，如果我们遵循美国的发展模式，人类的城市化需要 3 个地球的资源才能办到。

城市是一个以获取集聚经济效益为目的，集约人口、集约经济、集约科技即集约社会生产力的空间地域系统。城市与其周围腹地区域是一个相互促进、相互依赖、相互制约的有机整体。在城市与区域的开放性系统中，区域的地理位置、人口、面积、自然条件及其资源状况、社会经济条件及其发展水平、历史因素等是城市产生和发展的客观基础；同时，城市产业的地域集聚和迅速发展，又通过投入和产出的联系对周围广大腹地产生极化效应和扩散效应，形成一个经济空间，使城市与区域经济联结为一个有机整体。

据统计，2021 年我国成为近 100 年来首个在汽车保有量上超过美国的国家，截至 2021 年 6 月全国机动车保有量 3.84 亿辆，其中汽车 2.9 亿辆。按目前我国每辆汽车平均每年耗油 2 t 计算，交通将成为用能大户。交通消耗的化石能源都是不可再生能源，而目前已探明的石油总量仅可开采几十年。因此，在交通领域大力推广各种节能技术，提高再生能源在交通用油中的比例，为未来的发展提供保障，也是全人类为了未来的生存必须关注的问题。

二、低碳城市的内涵

低碳城市是指经济以低碳产业为主导，市民以低碳生活为理念和行为特征，政府以低碳社会为建设蓝图的城市。低碳城市发展范式如图 11-2 所示。

低碳城市的特征是低排放、高能效、高效率，通过产业结构的调整和发展模式的转变，合理促进低碳经济发展。低碳城市不仅不会制约城市发展，反而可能产生新的增长点，增加城市发展的持久动力，并最终改善城市生活。

要发展理想的低碳城市，低碳城市规划理论和方法是必需的。因此，仅仅通过

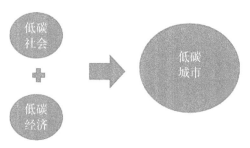

图 11-2　低碳城市发展融合范式示意

节能减排技术手段尚不足以解决二氧化碳排放问题，还需要以更加多元的标准衡量城市规划与建设，通过低碳城市规划寻求城市发展的低碳化方向，探索可持续的低碳城市发展模式。

碳排放集中在城市密集区。据统计表明，我国碳排放主要集中在环渤海、长江三角洲、珠江三角洲等城市密集地区，二氧化碳排放量均在 1800 t/km^2 以上。其中，上海的二氧化碳排放量最高，达 26639 t/km^2，比位于第二位的天津高 3.26 倍。就产业部门而言，碳排放量大的行业都集中在城市密集地区，尤其集中在人口占 40%、GDP 超 60% 的东部沿海地区。与我国城市空间分布格局相对照，分省区二氧化碳排放密度与城市连绵区有很显著的相关性。我国需要追求一种理想的"低碳"城市模式，来逐步化解工业革命以来 200 年的"高碳"城市给人类社会带来的灾难风险。

科学的城市规划是建设低碳城市的第一步。城市能源消耗会直接影响到周边区域的环境污染，城市规划除考虑单个城市自身特点外，还应考量城市所在区域和国家的发展战略。

低碳城市重点方向是产业规划。在城市发展规划中，要降低高碳产业的发展速度，提高发展质量；要加快经济结构调整，加大淘汰污染工艺、设备和企业的力度；要提高各类企业的排放标准；要提高钢铁、有色金属、建材、化工、电力和轻工等行业的准入条件；要从决策源头上保证城市总体规划符合可持续发展原则，在规划阶段就推动向低碳城市的方向发展。

低碳城市以建筑节能为重点方向。因为建筑施工和维持建筑物运行是城市能源消耗的大户，低碳城市的一个重要组成部分是绿色建筑。绿色建筑既能最大限度地节约资源、保护环境和减少污染，又能为人们提供健康、适用、高效的工作和生活空间。

低碳城市以交通发展为落实方向。低碳城市的交通可从两个方面实现：一个方面是控制私人交通出行的数量，如果这个数量是下降的，那么在单位排放量一定的情况下，城市交通的碳排放就降低；另一个方面是降低单位私人交通工具的碳排放，如果私人交通出行的数量是一定的，那么只要持续降低单位汽车的碳排放强度，就可以降低整个城市交通的碳排放。这两个方面说明，低碳城市需要倡导和实施以公共交通为主的交通模式。巴西的库里蒂巴就是一个成功的低碳交通城市。

"交通节能"就是在日常出行中选择低能耗、低排放、低污染的交通方式，这是世界城市交通可持续发展的大势所趋。目前，城市的低碳交通方式以公交、地铁、轻轨等方式为主，自行车交通因其轻便、灵活、环保、舒适的特点，也成为城市短途出行中不可缺少的重要方式。以下内容探讨我国城市交通"节能减排"的实现路径。

三、交通运输节能是"减碳"过程

交通运输工具的使用必须依赖能耗，除非使用洁净能源（如太阳能等），否则交通运输难以实现无碳化，只能是不断低碳化的发展过程。

城市交通"节能""减排"政策措施并重。"节能"和"减排"都是交通运输节能的重要途径，既要重视"节能"，更要把"减排"上升到应有的高度；城市交通运营减排的政策措施要体系化。

出行方式或运输消费模式的低碳化需用理念加以改造。低碳交通运输是一个体系化的概念，无论是交通运输系统的规划、建设、维护、运营、运输，还是交通工具的生产、使用、维护，乃至相关制度和技术保障措施，人们的出行方式或运输消费模式等，都需要用"低碳化"的理念予以改造和优化。

综合性城市交通运营减排手段与途径多样。一方面，低碳化的手段是多样的，既包含技术性减碳，也包括结构性减碳，还包括制度性减碳；另一方面，低碳化的途径是双向的，既包括"供给"或"生产"方面的减碳，也包括"需求"或"消费"层面的减碳。

四、建立"以公共交通为导向"的模式

"以公共交通为导向"（transit oriented development，TOD）的模式由新城市主义代表人物彼得·卡尔索尔普提出，是为了解决"二战"后美国城市的无限制蔓延而采取的一种以公共交通为中枢、综合发展的步行化城区发展模式。公共交通主要是地铁、轻轨等轨道交通及巴士干线，然后以公交站点为中心，以400～800 m（5～10 min 步行路程）为半径建立集工作、商业、文化、教育、居住等为一体的城区。

TOD是国际上具有代表性的低碳交通城市社区开发模式。先期以较低的价格征用规划发展区的用地，导入公共交通，形成开发地价的时间差，然后出售基础设施完善的"熟地"，政府从土地升值的回报中回收公共交通的先期投入。公共交通有固定的线路并保持一定间距（通常公共汽车站距为500 m 左右，轨道交通站距为1000 m 左右）。这就为土地利用与开发提供了重要的依据，即在公交线路的沿线，尤其在站点周边高强度开发的土地中，公共使用优先。

第二节 科学规划与城市交通

香港 TOD

香港 2021 年人口 741.31 万，是世界上人口最稠密的城市之一。在其现有的 1113.76 km² 的土地中，位于海拔 50 m 以下的部分仅占 18%，其余大多是陡峭的丘陵。香港在如此之高的人口密度下仍然能保持城市交通的顺畅，有效地控制交通污染，与其居民极高的公共交通使用率分不开。从 20 世纪 80 年代开始，公共交通一直担着全港 80% 以上的客流量，仅有大约 6% 左右的居民出行使用私人交通工具。

东京 TOD

东京是一个国际性大都市，2021 年城市人口 1396 万。高密度发展的城市形态使城市内部交通量高度集中。东京的铁路是这个城市最主要的交通方式，也是世界上少数能够盈利的城市铁路系统之一。商业娱乐中心及其周围的办公建筑集中在距铁路车站不足 1 km 的范围内，有空中、地下步行通道保护行人免遭汽车和恶劣气候的侵扰。

一、城市低碳交通系统开发

组织紧凑、由公交系统支持的城市开发，可将商业、住宅、办公楼、公园和公共建筑设置在步行 5～10 min 可达的公交站点的范围内。建造适宜步行的街道网络，可将居民区建筑连接起来。可混合多种类型、密度和价格的住房。保护生态环境和河岸带，留出高质量的公共空间，能够使公共空间成为建筑导向和邻里生活的焦点。应鼓励沿着现有交通走廊沿线实施开发。

快速公交（bus rapid transit，BRT）系统是利用现代化公交技术配合智能交通和运营管理，开辟公交专用道路和建造新式公交车站，实现轨道交通运营服务，达到轻轨服务水准的一种独特的城市客运系统。BRT 系统 30 年前起源于巴西的库里蒂巴市，其他地方纷纷仿效库里蒂巴市，开发、改良建设了不同类型的 BRT 系统。BRT 系统在类型、容量和表现形式上的多样性，反映出它在运营方面广阔的发展空间，以及大运量公交系统与生俱来的灵活性。BRT 既适用于一个拥有几十万人口的小城市，也适用于特大型都市。库里蒂巴的公交出行比例高达 75%，日客运量高达

19 万人。

城市 BRT 构成如下：

（1）专用路段。通过设置全时段、全封闭、形式多样的公交专用道，提高快速公交的运营速度、准点率和安全性。

（2）先进的车辆。配置大容量、高性能、低排放、舒适的公交车辆确保快速公交的大运量、舒适、快捷和智能化的服务。

（3）设施齐备的车站。提供水平登乘、车外售检票、实时信息监控系统和有景观特色的建筑为乘客提供安全、舒适的候车环境与快速方便的上下车服务。

BRT 优势为节省时间，舒适和方便，安全性得到提高和改善，节约了运营成本，改善了驾驶员的工作条件，提高了生产力和投资环境。

城市轨道交通是"绿色交通"。城市轨道交通能改善城市中心人口密集、住房紧张、绿化面积小、空气污染严重等城市通病。①城市轨道交通是城市公共交通的主干线、客流运送的大动脉，是城市的生命线工程；②城市轨道交通是世界公认的低能耗、少污染的"绿色交通"，对于实现城市的可持续发展具有非常重要的意义；③城市轨道交通是城市建设史上最大的公益性基础设施，对城市的全局和发展模式产生深远的影响。城市轨道交通的建设与发展有利于提高市民出行的效率，节省时间，改善生活质量。

二、城市交通低碳规划的设计理念

设计理念是建立低能耗、低污染、低排放的交通体系。城市低碳交通体系是一种低能耗、低污染、低排放的交通体系。从宏观上说，城市低碳交通体系主要包括多中心空间布局、以公共交通为主的交通工具系统、自觉低碳出行的交通主体、发达的低碳交通技术和先进的交通管理 5 个有机组成部分。例如，欧洲一些城市的自行车成为城市低碳交通体系中的一道亮丽城市风景线。

低碳交通部分及其构成的整体可以实现交通拥堵最少、交通需求最低、机动交通工具使用最少、机动交通工具碳排放最低等指标，从而达到交通排放最低的目标。此外，城市自行车交通出行在欧洲发达国家得到加强。城市交通领域要实现碳排放最大限度降低及可持续发展，就必须创建城市低碳交通体系。

第三节　绿色消费与城市生活

低碳生活就是指要尽量减少生活所耗用的能量，从而减低二氧化碳的排放量。低碳生活，对于我们普通人来说是一种态度，而不是能力，我们应该积极提倡并去实践低碳生活，注意节电、节油、节气，从点滴做起。除了种树，还有人买运输里程很短的商品，有人坚持爬楼梯，方式形形色色，有的很有趣，有的不免有些麻烦。但关心全球气候变暖的人们会把减少二氧化碳的行动实实在在带入生活。

　　绿色消费，也称为可持续消费。绿色消费是指以适度节制消费、避免或减少对环境的破坏、崇尚自然和保护生态等为特征的一种新型消费行为和过程。具体来说，绿色消费应符合健康安全、节能、环保、可持续性等要点。

　　绿色消费主要有三层含义。一是倡导消费者在消费时选择未被污染或有助于公众健康的绿色产品；二是在消费过程中注重对垃圾的处理，不造成环境污染；三是引导消费者转变消费观念，崇尚自然、追求健康，在追求生活舒适的同时，注重环保、节约资源和能源，实现可持续消费。

　　例如，出门购物，自己带环保袋，无论是免费还是收费的塑料袋，都减少使用。出门自带饮水杯，减少使用一次性杯子。多用永久性的筷子、饭盒，尽量避免使用一次性的餐具。养成随手关闭电器电源的习惯，避免浪费用电。

　　碳足迹表示企业机构、活动、产品或个人引起的温室气体排放的集合。直接要素（第一碳足迹）是直接排放，间接要素（第二碳足迹）是间接排放。第一碳足迹是生产生活中直接使用化石能源产生的碳排放量，如发电、乘坐飞机等；第二碳足迹是购买和使用商品间接产生的碳排放量，如消费 1 瓶食用油时，其在生产、运输、销售、回收等过程会产生碳排放量。计算方法如下：家居用电的二氧化碳排放量（单位：kg）＝耗电千瓦·时数×0.785×可再生能源电力修正系数；开车的二氧化碳排放量（单位：kg）＝油耗升数×0.785；乘坐飞机的二氧化碳排放量（单位：kg）＝55（200～1000 km 的中途旅行）＋0.105×（千米数－200），或千米数（1000 km 以上的长途旅行）×0.139。例如，如果你乘飞机旅行 2000 km，那么你就排放了 278 kg 的二氧化碳，为此你需要植 3 棵树来抵消；如果你用了 100 kW·h 的电，那么你就排放了 78.5 kg 的二氧化碳，为此你需要植 1 棵树。

　　由于不同排量的汽车行驶相同距离的耗油量不同，因此必须根据车辆耗油情况将距离转化为耗油量才能计算碳排放量，在相同距离下，小排放量汽车碳排放量较少，因此要大力推广小排量节能环保型汽车。二氧化碳排放量（单位：kg）＝油耗升数×2.7。

　　对于家用燃气，天然气的二氧化碳排放量（单位：kg）＝天然气使用度数×0.19，液化石油气的二氧化碳排放量（单位：kg）＝液化石油气使用度数×0.21。

　　从生活细节开始，减少二氧化碳排放，减少耗用能源，减少耗用资源，分类及回收废物，节约用水，均衡饮食；完全关掉电脑荧屏、手提电脑和电视，不使用待机模式；每日减少使用电视游戏机、电脑或电视 1 h，1 年可减少排放 227 kg 二氧化碳；每天自备购物袋，不向商店索取塑料袋，每日减少使用 3 个，1 年可减少排放 110 g 二氧化碳；自备饮料，不购买纸包装饮品，每日减少饮用 1 包纸包饮料，1 年可减少排放大约 7 kg 二氧化碳；不使用一次性餐具，每日减少使用 1 双木筷子和 1 支塑匙，1 年可减少排放 3.5 kg 二氧化碳；每日减少使用 1 包纸巾（8 张），1 年可减少排放 10 kg 二氧化碳；将金属、纸张和塑料废物分类回收，每日回收 1 个铝罐、1 个塑料罐及 1 份报纸，1 年可减少排放 246 kg 二氧化碳；不使用浴缸浸浴，每日以 7 min 喷头淋浴代替浴缸浸浴，1 年可减少排放 5.5 kg 二氧化碳，每次淋浴时不多于 10 min，每日减少 5 min 淋浴时间，1 年可减少排放 8 kg 二氧化碳；每餐吃不多于 1 道含肉类的菜式，每日减少吃 1 道含牛肉的菜式，1 年可减少排放 810 kg 二氧化碳。

本 章 小 结

就世界能源、环境与可持续发展的路径而言，在工业化、城市化进程中，我国现代化的基础设施建设需要一定时期的积累，这需要探索低能耗、低排放的低碳发展之路。这也需要促进低碳经济向可持续发展，加强交通节能的产业布局，提高新能源技术的研发投入。

城市轨道交通是城市建设史上最大的公益性基础设施，对城市的全局和发展模式产生深远的影响。城市轨道交通的建设与发展有利于提高市民出行的效率，节省时间，改善生活质量。发达国家建立低碳城市交通、低碳社区的思想早已经形成且已付诸实践；有的国家在低碳社区、低碳城市交通等规划领域有很多先进经验，我们可以借鉴其中的先进经验，并以此开展国际合作。

思 考 题

1. 简述低碳城市产生的概念、特征。
2. 我国应如何确定城市交通"节能减排"的实现路径？
3. 什么是"以公共交通为导向"的开发模式？
4. 提倡低碳绿色消费应从哪些方面做起？

第十二章 建筑节能与减排

绿色节能建筑建设包括以下内容：建筑节能政策与法规的建立；建筑节能设计与评价技术，供热计量控制技术的研究；可再生能源等新能源和低能耗、超低能耗技术与产品在住宅建筑中的应用等；推广建筑节能，促进政府部门、设计单位、房地产企业、生产企业等就生态城市进行有效沟通。在减少碳排放的进程中，绿色建筑的普及和推广将具有重要的意义。

全面的建筑节能，就是建筑全寿命过程中每一个环节节能的总和。建筑在选址、规划、设计、建造和使用过程中，通过采用节能型的建筑材料、产品和设备，执行建筑节能标准；加强对建筑物所使用的节能设备的运行管理，合理设计建筑围护结构的热工性能；提高采暖、制冷、照明、通风、给排水和管道系统的运行效率；利用可再生能源，在保证建筑物使用功能和室内热环境质量的前提下，降低建筑能源消耗，合理、有效地利用能源。全面的建筑节能是一项系统工程，必须由国家立法、政府主导，对建筑节能做出全面的、明确的政策规定，并由政府相关部门按照国家的节能政策，制定全面的建筑节能标准。

我国低碳城市规划建设的主要着力点是产业结构要调整，建筑要节能低耗，生活要低碳消费，环境要降温和增加碳汇。就我们当今的技术水平、产业结构和经济发展阶段来说，大幅度减少二氧化碳的排放量，可能会对发展经济会造成一定的影响。这也说明，我国区域和城市的发展规划要向低碳化范式转变，可谓任重道远。

第一节 低碳建筑节能的概念

建筑节能指在建筑材料、设备制造、施工建造和建筑物使用的整个生命周期内，减少化石能源的使用，提高能效，降低二氧化碳排放量。研究表明，全球温室气体排放量的18%来源于建筑物排放。然而，在某些发达国家，建筑物温室气体排放量甚至超过全国温室气体排放量的30%。商业物业的碳排放量又约占建筑物碳排放量的38%。因此，普及推广建筑节能在气候变化中起到十分重要的作用。总之，建筑能耗大概占全球终端能耗的40%。提高建筑能效，全球可减排 7.15×10^8 t 二氧化碳。

我国要真正做到全面的建筑节能，还须在设计、施工、监督、开发、运行管理等各个环节，严格按照相关国家节能政策和节能标准的规定，全面贯彻执行各项节能措施，使每一位公民真正树立起全面的建筑节能观，将建筑节能真正落到实处。

下面介绍建筑节能的基本概念、标准及分类。

一、建筑节能概念

建筑节能具体是指在建筑材料生产、房屋建筑和构筑物施工及使用过程中，在满足同等需要或达到相同目的的条件下，尽可能降低能耗，提高能源利用效率。建筑节能在发达国家最初是为减少建筑中能量的散失，也就是在保证提高建筑舒适性的条件下，合理使用能源，不断提高能源利用效率。目前，在城市生态规划建设中，我国需要普及推广建筑节能，即在建筑物的规划、设计、新建（改建、扩建）、改造和使用过程中，执行节能标准，采用节能型的技术、工艺、设备、材料，提高保温隔热性能和采暖供热、空调制冷制热系统效率，加强建筑物用能系统的运行管理，利用可再生能源，在保证室内热环境质量的前提下，增大室内外能量交换热阻，以减少供热系统、空调制冷制热、照明、热水供应因大量热消耗而产生的能耗。

二、建筑节能标准

建筑节能检测通过一系列国家标准确定竣工验收的工程是否达到节能的要求。《建筑节能工程施工质量验收规范》（GB 50411—2007）规定对室内温度、供热系统室外管网的水力平衡度、供热系统的补水率、室外管网的热输送效率、各风口的风量、通风与空调系统的总风量、空调机组的水流量、空调系统冷热水总流量、冷却水总流量、平均照度与照明功率密度等进行节能检测。

三、建筑节能分类

（一）分类1：公共建筑节能

依据《公共建筑节能检测标准》（JGJ/T 177—2009）对建筑物室内平均温度、湿度、非透光外围护结构传热系数、冷水（热泵）机组实际性能系数、水系统回水温度一致性、水系统供回水温差、水泵效率、冷源系统能效系数、风机单位风量耗功率、新风量、定风量系统平衡度、热源（调度中心、热力站）室外温度等进行节能检测。

例如，2008年投入使用的北京电视台高楼，就地取材，无铅化设计，利用太阳能和日光，使用节能电梯、低辐射玻璃、既蓄热又能散热的天窗，天窗甚至能根据二氧化碳浓度控制新风量等。

（二）分类2：居住建筑节能

依据《居住建筑节能检测标准》（JGJ 132—2009）对室内平均温度、围护结构主体部位传热系数、外围护结构热桥部位内表面温度、外围护结构热工缺陷、外围护结构隔热性能、室外管网水力平衡度、补水率、室外管网热损失率、锅炉运行效率、耗电比率等进行节能检测。

第二节　建筑能耗与低碳减排

随着城市建设的高速发展，我国的建筑能耗逐年大幅度上升，已达全社会能源消耗量的 32%，加上每年房屋建筑材料生产能耗约占全社会能源消耗量的 13%，建筑总能耗已达全国能源总消耗量的 45%。世界范围内石油、煤炭、天然气三种传统能源日趋枯竭，人类将不得不转向成本较高的生物能、水能、地热能、风能、太阳能和核能，而我国的能源问题更加严重。

我国原油对外依存度高，1993 年我国成为原油净进口国，1996 年我国成为成品油净进口国。2019 年我国原油能源消费总量为 67268.3 万吨，进口原油量为 50567.6 万吨，占我国原油能源消费总量的 75.17%。

一、建筑节能：能耗因素与设计途径

有研究表明，我国能源现状主要存在四大问题：人均能源拥有量、储备量低；能源结构依然以煤为主，2021 年我国能源消费总量为 52.4 亿万吨标准煤，同比上升 5.15%，尽管煤炭消费量比重不断下降，但绝对数量仍在增长，如 2017 年煤炭消费量为 39.14 万吨，2019 年煤炭消费量为 40.19 万吨；能源资源分布不均，主要表现在经济发达地区能源短缺和农村商业能源供应不足，需要北煤南运、西气东送、西电东送；能源利用效率低，能源终端利用效率仅为 33%，比发达国家低 10%。

如果我国继续执行建筑节能水平较低的设计标准，将留下很重的能耗负担和治理困难。庞大的建筑能耗已经成为国民经济的巨大负担。

（一）建筑能耗增加的因素

2020 年中国城镇建筑总面积约 500 亿平方米，其中住宅面积 300 亿平方米。2018 年，城镇居民人均建筑面积 39 平方米，如果按照这个标准，并按 8 亿城镇人口计算，中国城镇住房超过 300 亿平方米。

一般认为，建筑能耗有 3 个刚性增长因素。一是建筑面积：增加 150 亿平方米，住宅增加 80 亿平方米，一般公建增加 60 亿平方米，大型公建增加 10 亿平方米。二是采暖需求：新增需采暖的建筑 110 亿平方米。三是人口：近 14 亿。根据发达国家经验，随着我国的城市发展，人们生活水平的提高，建筑能源消耗将达到全社会能源消耗量的 33% 左右。我国人口众多，当人均建筑能耗接近发达国家的人均水平，建筑用能将接近目前全球总能耗的 1/4。

（二）建筑节能的途径

建筑节能体现在建筑物的设计、建设、供暖、照明等各个环节，主要通过以下途径实现：①优化建筑设计。②推广使用新型建筑围护结构材料和部品。③利用各

种热泵技术。④降低输配系统能源消耗。⑤湿度、温度独立控制的空调系统。采用温度与湿度两套独立的空调控制系统，分别控制、调节室内的温度与湿度，从而避免常规空调系统中的热湿联合处理所带来的损失。⑥使用节能灯具，在我国，灯具照明用电占建筑物用电量的30%～60%，节约照明用电对建筑节能有重大意义。⑦建筑式"热电冷三联"供应系统，如通过热泵技术为建筑物提供热量是建筑节能技术的发展重点之一。热泵技术是把处于"低温位"的热能"泵送"至"高温位"的技术。⑧推广使用新型建筑围护结构材料和部品，如外门窗型材、玻璃、墙体的材料、外围护保温材料、外装饰材料屋顶。目前我国建筑物内大部分风机水泵的运行效率仅为30%～50%（最高效率实际可达75%～85%），水泵能耗的一半消耗在各种阀门上，风机能耗25%～40%消耗在各种阀门上。采用分布式的风机水泵充当调节装置，可以降低能耗50%～70%。

二、建筑节能的意义

建筑节能是关系到我国建设低碳经济、完成节能减排目标、保持经济可持续发展的重要环节之一。要想做好建筑节能工作、完成各项指标，我们需要认真规划、强力推进，踏踏实实地从细节抓起。

建筑节能工作复杂而艰巨，它涉及政府、企业和普通市民，涉及许多行业和企业，涉及新建筑和老建筑，实施起来难度非常大。在建筑节能的初期推进过程中，我们定要付出精力、成本和代价。从这几年的实践效果看，仅靠出台一些简单的要求、措施和办法来完成建筑节能的任务和指标尚有难度，这就需要我们再思考，进行比较充分、细致、深层次的研究，找出其症结所在。

对于新建建筑要严格管理，必须达到建筑节能标准，这一点不能含糊；对于既有建筑，节能改造需要加大力度，多推广试点经验，采取先易后难、先公后私的原则。在房屋建造过程中，建筑节能要重点解决好外墙保温、窗门隔温等问题，很多建筑漏气症结都来源于此。另外，能利用太阳能的建筑应最大限度地使用这一资源，并在设计过程中实现太阳能与建筑一体化，增加建筑的和谐度和美观度；全面推行中水利用和雨水收集系统，大力推进废旧建筑材料和建筑垃圾的回收利用，使资源能够得到充分利用。

建筑节能是一项系统工程，在全面推进的过程中，要制定出相关配套政策法规，该强制执行的要加大执行力度；要有相配套的标准，包括技术标准、产品标准和管理标准等，便于在实施过程中进行监督检查；对新技术、新工艺、新设备、新材料、新产品等，要在政策方面给予支持，加大市场推广力度。总而言之，对于建筑节能工作，只要相关部门、各级政府通力合作、密切配合，我国的节能目标就能达到。

建筑节能势在必行。我国是一个发展中大国，又是一个建筑大国，每年新建房屋面积超过所有发达国家每年建成建筑面积的总和。随着全面建设小康社会的逐步推进，我国建设事业迅猛发展，建筑能耗迅速增长。建筑能耗包括采暖、空调、热水供应、照明、炊事、家用电器、电梯等方面的能耗，其中，采暖、空调能耗占60%～70%。在我国既有的建筑中，仅有1%为节能建筑，其余无论从建筑围护结构还是采暖空调系统来衡量，均属于高耗能建筑。单位面积采暖所耗能源相当于纬度相近的发达国家的2～3倍。这是由于我国的建筑围护结构保温隔热性能差，采暖用能的2/3白白"跑掉"。建筑耗能总量占中国能源消费总量的比例已超过27%，趋近三成。

因此，我国建筑行业全面节能势在必行。只有全面推广建筑节能才有利于从根本上促进能源资源节约和合理利用，缓解我国能源资源供应与经济社会发展的矛盾；有利于加快发展循环经济，实现经济社会的可持续发展；有利于长远地保障国家能源安全，保护环境，提高人民群众生活质量。

第三节　我国的建筑节能减排

据国家统计局数据，截至2020年底，全国建成绿色建筑面积超过 $6.6 \times 10^9 \mathrm{~m}^2$ ，累计建成节能建筑面积超过 $2.38 \times 10^{10} \mathrm{~m}^2$ ，节能建筑占城镇民用建筑面积比例超过63%。但是，要推广65%或75%的节能标准，许多城市还存在难度，需要在建筑保温材料管理和技术标准的要求方面加大力度；而且，对既有建筑改造和供暖设施的分户改造难度更大，需要统筹考虑、分步实施，如果财税政策支持，给予一定补贴，可以使既有建筑的节能改造推进速度加快。要实现新建建筑全面达到节能标准，不能留有缝隙；既有建筑实现逐步改造，要按照先公共建筑、商业建筑，后住宅的顺序进行，也就是首先改造相对容易的建筑，然后逐步解决比较复杂的住宅节能问题。

一、建筑耗能比例上升

根据统计，建筑能耗约占社会总能耗的1/3。我国建筑能耗的总量逐年上升，在能源总消费量中所占的比例已从20世纪70年代末的10%上升到27.45%。而国际上发达国家的建筑能耗一般占全国总能耗的33%左右。国家建设部科技司研究表明，随着城市化进程的加快和人民生活质量的改善，我国建筑耗能比例最终还将上升至35%左右。如此庞大的比重，建筑耗能已经成为我国经济发展的软肋。

20世纪70年代能源危机后，发达国家开始致力于研究与推行建筑节能技术，而我国却忽视了这一方面的问题。例如，国内绝大多数采暖地区围护结构的热功能都比气候相近的发达国家差许多，外墙的传热系数是他们的3.5～4.5倍，外窗为2～3倍，屋面为3～6倍，门窗的空气渗透为3～6倍。欧洲国家住宅的实际年采暖能耗已普遍达到 $6 \mathrm{~L/m}^2$ 油，大约相当于每平方米 $8.57 \mathrm{~kg}$ 标准煤；而在我国，达到节能50%的建筑，它的采暖耗能，每平方米也要达到 $12.5 \mathrm{~kg}$ 标准煤，约为欧洲国家的1.5倍。例如，与北京气候条件大体上接近的德国，1984年以前建筑采暖能耗标准和北京目前水平差不多，每平方米每年消耗 $24.6 \sim 30.8 \mathrm{~kg}$ 标准煤，但到了

2001 年，德国降低至每平方米消耗 3.7~8.6 kg 标准煤，其建筑能耗降低至原来的 1/3 左右，而北京却一直维持每平方米消耗 22.45 kg 标准煤。

二、从建筑规划与设计源头减少能源消耗

理想的节能建筑应在最少的能量消耗下满足以下三点：一是能够在不同季节、不同区域控制接收或阻止太阳辐射；二是能够在不同季节保持室内的舒适性；三是能够使室内实现必要的通风换气。建筑节能的途径主要包括：尽量减少不可再生能源的消耗，提高能源的使用效率；减少建筑围护结构的能量损失；降低建筑设施运行的能耗。在这三个方面，高新技术起着决定性的作用。当然，建筑节能也采用一些传统技术，但这些传统技术须在先进的试验论证和科学的理论分析的基础上才能用于现代化的建筑中，一般可从以下方面实现。

（一）建筑规划与设计

面对全球能源环境问题，不少全新的设计理念应运而生，如"微排建筑"、低能耗建筑、"零能建筑"和绿色建筑等，它们本质上都要求建筑师从整体综合设计概念出发，坚持与能源分析专家、环境专家、设备师、结构师紧密配合。在建筑规划和设计时，根据大范围的气候条件影响，针对建筑自身所处的具体环境气候特征，重视利用自然环境（如外界气流、雨水、湖泊和绿化、地形等）创造良好的建筑室内微气候，以尽量减少对建筑设备的依赖。

具体措施可归纳为以下三个方面：合理选择建筑的地址，采取合理的外部环境设计（主要方法为在建筑周围布置树木、植被、水面、假山、围墙）；合理设计建筑形体（包括建筑整体体量和建筑朝向的确定），以改善既有的微气候；合理的建筑形体设计是充分利用建筑室外微环境改善建筑室内微环境的关键，主要通过建筑各部件的结构设计和建筑内部空间的合理分隔设计实现。同时，可借助相关软件进行优化设计，如运用天正建筑中建筑阴影模拟技术辅助设计建筑朝向和居住小区的道路、绿化、室外休闲空间，以及利用 CFD 软件，如 PHOENICS、Fluent 等，分析室内外空气流动是否通畅。

（二）围护结构

建筑围护结构组成部件（屋顶、墙、地基、隔热材料、密封材料、门和窗、遮阳设施）的设计对建筑能耗、环境性能、室内空气质量与用户所处的视觉和热舒适环境有根本的影响。一般增大围护结构的费用仅为总投资的 3%~6%，而节能却可达 20%~40%。通过改善建筑物围护结构的热工性能，在夏季可减少室外热量传入室内，在冬季可减少室内热量的流失，使建筑热环境得以改善，从而减少建筑冷、热消耗。首先，提高围护结构各组成部件的热工性能，一般通过改变其组成材料的热工性能实现，如欧盟新研制的热二极管墙体（低费用的薄片热二极管只允许单方

向的传热，可以产生隔热效果）和热工性能随季节动态变化的玻璃。然后，根据当地的气候、建筑的地理位置和朝向，以建筑能耗软件 DOE 2.0 的计算结果为指导，选择围护结构组合优化设计方法。最后，通过评估围护结构各部件与组合技术的经济可行性，确定技术可行、经济合理的围护结构。

减少建筑围护结构的能量损失。建筑物围护结构的能量损失主要来自外墙、门窗、屋顶。这三部分的节能技术是各国建筑界都非常关注的。主要发展方向是开发高效、经济的保温、隔热材料和切实可行的构造技术，以提高围护结构的保温、隔热性能和密闭性能。

（三）墙节能技术

传统的方法是用重质单一材料增加墙体厚度来达到保温效果，但这已不能适应节能和环保的要求，而复合墙体越来越成为墙体的主流。复合墙体一般用块体的材料或钢筋混凝土作为承重结构，与保温隔热材料复合，或在框架结构中用薄壁材料加保温、隔热材料。建筑用保温、隔热材料主要有岩棉、矿渣棉、玻璃棉、聚苯乙烯泡沫、膨胀珍珠岩、膨胀蛭石、加气混凝土及胶粉聚苯颗粒浆料、发泡水泥保温板等。这些材料的生产、制作都需要采用现代的特殊工艺和设备。值得一提的是胶粉聚苯颗粒浆料：将胶粉料和聚苯颗粒轻骨料加水搅拌成浆料，将其抹于墙体外表面，可形成无空腔保温层。聚苯颗粒骨料采用回收的废聚苯板经粉碎制成，而胶粉料掺有大量的粉煤灰，这是一种废物利用、节能环保的材料。墙体的复合技术有内附保温层、外附保温层和夹心保温层三种。我国采用夹心保温做法的较多；在欧洲各国，大多采用外附发泡聚苯板；在德国，外保温建筑占建筑总量的80%，而其中的70%均采用泡沫聚苯板。

（四）窗节能技术

门窗具有采光、通风和围护的作用，还在建筑艺术处理上起着很重要的作用。然而门窗又是最容易造成能量损失的部位。为了增大采光通风面积或表现现代建筑的风格，建筑物的门窗面积越来越大，更有全玻璃的幕墙建筑。这就对外围护结构的节能提出了更高的要求。

对门窗的节能处理主要是改善材料的保温隔热性能和提高门窗的密闭性能。从门窗材料来看，近些年出现了铝合金断热型材、铝木复合型材、钢塑整体挤出型材、塑木复合型材及 UPVC 塑料型材等一些技术含量较高的节能产品。

使用较广的是 UPVC 塑料型材，它所使用的原料是高分子材料——硬质聚氯乙烯。它不仅在生产过程中能耗少、无污染，而且材料导热系数小，多腔体结构密封性好，因而保温隔热性能好。UPVC 塑料门窗在欧洲各国已经被采用多年，在德国，塑料门窗的使用率已达50%。

20世纪90年代以后，我国塑料门窗用量不断增大，正逐渐取代钢、铝合金等能耗大的材料。为了解决大面积玻璃能量损失过大的问题，人们运用了高新技术，将普通玻璃加工成中空玻璃、镀贴膜玻璃（包括反射玻璃、吸热玻璃）、高强度 LOW-E 防火玻璃（高强度低辐射镀膜防火玻璃）、采用磁控真空溅射方法镀制含金属银的玻璃及最特别的智能玻璃。智能玻璃能感知外界光的变化并做出反应，它有两类。一类是光致变色玻璃，在光照射时，玻璃会感光变暗，光线不易透过；停止光照射时，玻璃复明，光线可以透过。在太阳光强烈时，可以阻隔太阳辐射热；天阴时，玻璃变亮，太阳光又能进入室内。另一类是电致变色玻璃，在两片玻璃上镀有导电膜及变色物质，通过调节电压，促使变色物质变色，调整射入的太阳光（但因其生产成本高，还不能实际使用）。这些玻璃都有很好的节能效果。

（五）提高终端用户用能效率

高能效的采暖、空调系统与上述削减室内冷热负荷的措施并行，才能真正地减少采暖、空调能耗。首先，根据建筑的特点和功能，设计高能效的暖通空调设备系统，如热泵系统、蓄能系统和区域供热、供冷系统等。然后，在使用中采用能源管理和监控系统监督和调控室内的舒适度、室内空气品质和能耗情况。例如，欧洲国家通过传感器测量周边环境的温湿度和日照强度，然后基于建筑动态模型预测采暖和空调负荷，控制暖通空调系统的运行。在其他的家电产品和办公设备方面，应尽量使用节能认证的产品。例如，美国一般鼓励采用有"能源之星"标识的产品，而澳大利亚对耗能大的家电产品实施最低能效标准。

（六）提高总的能源利用效率

在一次能源转换到建筑设备系统使用的终端能源的过程中，能源损失很大。因此，只有从全过程（包括开采、处理、输送、储存、分配和终端利用）进行评价，才能全面反映能源利用效率和能源对环境的影响。建筑中的能耗设备，如空调、热水器、洗衣机等应选用能源效率高的能源供应。例如，作为燃料，天然气比电能的总能源效率更高。采用第二代能源系统，可充分利用不同品位热能，最大限度地提高能源利用效率，如热电联产、冷热电联产。

为了维持居住空间的环境质量，在寒冷的季节需要提高室内的温度，在炎热的季节需要降低室内的温度，干燥时需要加湿，潮湿时需要抽湿，而这些往往都需要消耗能源才能实现。从节能的角度讲，应提高供暖（制冷）系统的效率，它包括设备本身的效率、管网传送的效率、用户端的计量及室内环境的控制装置的效率等。这些都要求相应的行业在设计、安装、运行质量、节能系统调节、设备材料及经营管理模式等方面采用高新技术。例如，供暖系统节能方面就有三种新技术：①利用计算机、平衡阀及其专用智能仪表对管网流量进行合理分配，既改善了供暖质量，又节约了能源；②在用户散热器上安设热量分配表和温度调节阀，用户可根据需要消耗和控制热能，以达到舒适和节能的双重效果；③采用新型的保温材料包敷送暖管道，以减少管道的热损失。

近年来低温地板辐射技术已被证明节能效果比较好，它采用交联聚乙烯（PEX）管作为通水管，用特殊方式双向循环盘于地面层内，冬天向管内供低温热水（地热、太阳能或各种低温余热提供），夏天输入冷水可降低地表温度（国内只用于供暖）。与以对流散热为主的散热器相比，该技术具有室内温度分布均匀且舒适、节能、易计量、维护方便等优点。

第四节　建筑节能技术的应用

我国是一个发展中国家，人口众多，人均能源资源相对匮乏。我国人均耕地只有世界人均耕地的1/3，人均水资源只有世界人均占有量的1/4，已探明的煤炭储量只占世界储量的11%，原油占2.4%。我国物耗水平相较发达国家，钢材高出10%～25%，每立方米混凝土多用水泥80 kg。我国国民经济社会要实现可持续发展，推行建筑节能势在必行。

一、建筑节能技术的应用

（一）屋顶保温、隔热是围护结构节能重点之一

寒冷地区的房屋屋顶设保温层，以阻止室内热量散失；在炎热的地区屋顶设隔热降温层以阻止太阳的辐射热传至室内；而在冬冷夏热的地区（黄河至长江流域），建筑节能则要冬夏兼顾。保温常用的技术措施是在屋顶防水层下埋置导热系数小的轻质材料用作保温，如膨胀珍珠岩、玻璃棉等（正铺法）；也可在屋面防水层以上埋置聚苯乙烯泡沫（倒铺法）。

（二）降低建筑设施运行的能耗

采暖、制冷和照明是建筑能耗的主要部分，降低这部分能耗将对节能起重要的作用，在这方面一些成功的技术措施很有借鉴价值，如英国建筑研究院的节能办公楼。办公楼在建筑围护方面采用了先进的节能控制系统，建筑内部采用通透式夹层，便于自然通风；建筑物背面的格子窗进风，建筑物正面顶部墙上的格子窗排风，形成贯穿建筑物的自然通风。办公楼使用的是高效能冷热锅炉和常规锅炉，两种锅炉由计算机系统控制交替使用。通过埋置于地板内的采暖和制冷管道系统调节室温。该建筑还采用了地板下输入冷水通过散热器制冷的技术，用水泵从车库下面的深井抽取冷水进入散热器，再由建筑物旁的另一个回水井回灌。为了减少人工照明，办公楼采用了全方位组合型采光、照明系统，由建筑管理系统控制；每一单元都有日光，使用者和管理者通过检测器对系统遥控；在100座的演讲大厅，设置有两种形式的照明系统，采用节能型管型荧光灯和白炽灯，使每个观众都能享有同样良好的

视觉效果和适宜的温度。

（三）外墙保温及饰面系统

该系统是在 20 世纪 70 年代末的最后一次能源危机时期出现的，最先应用于商业建筑，随后开始了在民用建筑中的应用。今天，外墙保温及饰面系统在商业建筑外墙使用中占 17.0%，在民用建筑外墙使用中占 3.5%，并且在民用建筑中的使用正以每年 17.0%～18.0% 的速度增长。该系统是多层复合的外墙保温系统，在民用建筑和商业建筑中都可以应用。该系统包括以下几部分：主体部分是由聚苯乙烯泡沫塑料制成的保温板，一般厚 30～120 mm，该部分以合成黏结剂或机械方式固定于建筑外墙；中间部分是持久的、防水的聚合物砂浆基层，基层主要用于保温板上，以玻璃纤维网来增强并传达外力的作用；最外面部分是美观持久的表面覆盖层。为了防褪色、防开裂，覆盖层材料一般采用丙烯酸共聚物涂料技术，此种涂料有多种颜色和质地可以选用，具有很强的耐久性和耐腐蚀能力。

（四）建筑保温隔热材料

此材料可用于民用建筑和商业建筑，是高性能的墙体、楼板和屋面材料。板材的中间是聚苯乙烯泡沫或聚亚氨脂泡沫夹心层，一般厚 120～240 mm，两面根据需要可采用不同的平板面层，例如，在房屋建筑中两面可以采用工程化的胶合板类木制产品，用此材料建成的建筑具有强度高、保温效果好、造价低、施工简单、节约能源、保护环境的特点。建筑保温隔热材料一般宽 1.2 m，最大可以做到 8 m 长，尺寸成系列化，很多工厂还可以根据工程需要按照实际尺寸定制，成套供应，承建商只需在工地现场进行组装即可，真正实现了住宅生产的产业化。

（五）隔热水泥模板外墙系统

这是一种绝缘模板系统，主要由循环利用的聚苯乙烯泡沫塑料和水泥类的胶凝材料制成模板，用于现场浇筑混凝土墙或基础。施工时在模板内部水平或垂直配筋，墙体建成后，该绝缘模板将作为永久墙体的一部分，形成在墙体外部和内部同时保温绝热的混凝土墙体。混凝土墙面外包的模板材料满足了建筑外墙所需的保温、隔声、防火等要求。

二、整体及外部环境的设计

建筑整体及外部环境设计是在分析建筑周围气候环境条件的基础上，通过选址、规划、外部环境和体型朝向等设计，使建筑获得一个良好的外部微气候环境，达到节能的目的。

（1）合理选址。建筑选址主要根据当地的气候、土质、水质、地形及周围环境条件等因素的综合状况来确定。在建筑设计中，既要使建筑在其整个生命周期中保持适宜的微气候环境，为建筑节能创造条件，同时又不能破坏整体生态环境的平衡。

（2）合理的外部环境设计。在建筑地址确定之后，应研究其微气候特征。例如，日照及朝向选择的原则是冬季能获得足够的日照并避开主导风向，夏季能利用自然通风并尽量减少太阳辐射。然而建筑的朝向、方位以及建筑总平面的设计应考虑多方面的因素，建筑受到社会历史文化、地形、城市规划、道路、环境等条件的制约，要想使建筑物的朝向同时满足夏季防热和冬季保温通常是困难的，因此，只能权衡各个因素的得失，找到一个平衡点，选择出适合这一地区气候环境的最佳或较好朝向。

（3）合理的建筑规划和体型设计能较好地应对恶劣的微气候环境。它包括对建筑整体体量、建筑体型及建筑形体组合、建筑日照及朝向等方面的确定。像蒙古包的圆形平面、圆锥形屋顶能较好地应对草原的恶劣气候，起到减少建筑的散热面积、抵抗风沙的效果；对于沿海湿热地区，引入自然通风对节能非常重要，在规划布局上，可以通过建筑的向阳面和背阴面形成不同的气压，即使在无风时也能形成通风，在建筑体型设计上形成风洞，使自然风在其中回旋，得到良好的通风效果，从而达到节能的目的。

建筑节能改造。应根据建筑功能的需求，通过合理的外部环境设计来改善既有的微气候环境，创造建筑节能的有利环境，主要方法为：①在建筑周围布置树木、植被，既能有效地遮挡风沙、净化空气，还能遮阳、降噪；②创造人工自然环境，如在建筑附近设置水面，利用水来平衡环境温度、降风沙及收集雨水等。

开发利用建筑新能源。新能源通常指非常规的可再生能源，包括太阳能、地热能、风能、生物质能等。在节约能源、保护环境方面，新能源的利用起到至关重要的作用。

（1）风能发电适用于多风海岸线山区和易引起强风的高层建筑，在英国和香港已有成功的工程实例，但在建筑领域，较为常见的风能利用形式是自然通风方式。

（2）建筑上不仅能利用太阳能采暖，还能将太阳能转化为电能，并且将光电产品与建筑构件合为一体，如光电屋面板、光电外墙板、光电遮阳板、光电窗间墙、光电天窗及光电玻璃幕墙等，使耗能变成产能。

本 章 小 结

低碳城市建筑节能，是指在建筑的全寿命周期内，最大限度地节约资源，包括节能、节地、节水、节材等。绿色建筑技术注重低耗、高效、经济、环保、集成与优化，是人与自然、现在与未来之间的利益共享，是可持续发展的建设手段。在建筑中积极提高能源使用效率，就能够大大缓解国家能源紧缺状况。

建筑的朝向、方位及建筑总平面的设计应考虑多方面的因素，建筑受到社会历史文化、地形、城市规划、道路、环境等条件的制约，合理的建筑规划和体型设计能较好地应对恶劣的微气候环境。它包括对建筑整体体量、建筑体型及建筑形体组合、建筑日照及朝向等方面的确定。

国内建成不少光伏电站和"太阳能屋顶"示范工程，将促进并网发电系统快速发展。风能发电适用于多风海岸线山区和易引起强风的高层建筑，在英国和中国香港已有成功的工程实例。

思 考 题

1. 简述建筑节能的基本概念、标准及分类。
2. 如何从建筑节能角度做好整体及外部环境的设计？
3. 理解我国建筑节能：能耗因素与设计途径。
4. 简述我国建筑节能的意义。
5. 为什么说建筑节能是一项系统工程？

第十三章 "一带一路"与可持续发展

习近平总书记提出的世界百年未有之大变局这个概念①，引起了包括中国经济学界在内的学术界的高度关注和强烈兴趣。这不仅在于透过这个概念可以从理论上深入研究或澄清大国崛起进程中与世界互动的一般规律，也在于围绕这个概念而展开和形成的理论研究成果具有鲜明的实践指向。这无不与低碳经济转型发展密切相关。

部分"一带一路"沿线国家已意识到减缓气候变化的重要性，以及高碳型经济增长的潜在压力。因此，"一带一路"沿线国家正在通过各种积极的手段和方式，将低碳发展作为国民经济的优先目标和倡议，实行自愿减排，提出减缓气候变化的温室气体减排量化目标与行动方案，包括绝对量减排目标和相对减排目标，如制定"碳达峰""碳中和"时间表和降低碳强度等，也有一些国家选择研发低碳技术等目标。

"一带一路"沿线国家集中了世界化石能源的主要生产国家。低碳发展水平较高的代表性国家，以我国为例，采用灵活的方式，加强与能源进口类国家特别是中亚国家的能源合作，保障能源进口的多样化。显而易见，获得稳定的能源储备和自给率是平衡能源供给和能源消费关系的重要基础，也是推进低碳经济发展的核心要素。"一带一路"沿线国家碳排放总量约占全球的30%，并且在城镇化、工业化的持续推进中仍可能持续上升。根据《世界能源统计年鉴（2021）》，"一带一路"沿线国家一次能源消耗量占2020年世界一次能源总消费量的一半；人均化石能源拥有量并不均衡，不同收入水平区域的人均能源消费水平高低不同，但总体低于世界平均水平。应加强"一带一路"生态环保大数据服务平台、"一带一路"绿色投资原则等多边合作平台建设，促进我国与共建国家在绿色低碳的能源项目、生态保护与治理、投融资环境气候管理、绿色标准互识互认等关键领域的政策对话，积极发挥数字经济对于低碳产业的重要促进作用②，探索低碳技术的合作与信息共享机制。在全球碳中和共识的大背景下，可结合"一带一路"应对气候变化的"南南合作"计划、"绿色丝路使者"计划等，充分发挥企业等微观主体的积极作用。

各方达成共识，"一带一路"沿线国家积极探索绿色合作之路。2021年6月召开的"一带一路"亚太区域国际合作高级别会议进一步确定绿色发展的突出位置，探索推动沿线区域经济社会与低碳发展的协同路径。

---

① 《习近平在第七十五届联合国大会一般性辩论上发表重要讲话》，《人民日报》2020年9月23日。
② 邬彩霞、高媛：《数字经济驱动低碳产业发展的机制和效应研究》，《贵州社会科学》，2020年第11期。

第一节 "一带一路"倡议与目标

丝绸之路起始于中国，是连接亚洲、非洲和欧洲的古代陆上商业贸易路线，最初的作用是运输中国出产的丝绸、瓷器等商品。"一带一路"倡议的目标在于构建东方与西方之间在经济、政治、文化等诸多方面进行交流的主要道路。

首先，共建"一带一路"能够促进经济要素自由流动、资源高效配置和市场深度融合，推动沿线各国实现经济政策协调，开展更大范围、更高水平、更深层次的区域合作。其目的在于与共建国家一道，推进全球可持续发展，构建人类命运共同体[①]。

其次，共建"一带一路"致力于亚、欧、非大陆及附近海洋的互联互通，有助于建立和加强沿线各国互联互通伙伴关系，构建全方位、多层次、复合型的互联互通网络，寻求沿线各国多元、自主、平衡、可持续的发展。

最后，"一带一路"的互联互通项目将推动沿线各国发展战略的对接与耦合，发掘区域内市场的潜力，促进投资和消费，创造需求和就业，增进沿线各国人民人文交流与文明互鉴。

一、"一带一路"倡议的产生

为顺应世界多极化、经济全球化、文化多样化、社会信息化的潮流，我国提出两个符合欧亚大陆经济整合的大战略：第一是丝绸之路经济带战略，第二是21世纪海上丝绸之路经济带战略，这两者合称"一带一路"倡议。

"一带一路"倡议的产生背景：当今世界正在发生复杂而深刻的变化，包括国际金融危机深层次影响继续显现，世界经济复苏缓慢，发展不断分化，国际投资贸易和多边投资贸易的规则正在深刻调整，各国面临着严峻的发展问题。

在2015年博鳌亚洲论坛的开幕式上，国家主席习近平发表主旨演讲，表示"一带一路"建设不是要替代现有地区合作机制和倡议，而是要在已有基础上，推动沿线各国实现经济战略相互对接、优势互补。

二、"一带一路"倡议的原则

促进共同发展、实现共同繁荣的合作共赢，增进理解信任。"一带一路"倡议的基本原则是秉持和平合作、开放包容、互学互鉴、互利共赢的理念，全方位推进务实合作，打造政治互信、经济融合、文化包容的利益共同体、命运共同体和责任共同体。"一带一路"倡议秉承共商、共享、共建原则；恪守联合国宪章的宗旨和

---

① 解振华：《企业是应对气候变化的主力军》，https：//i.ifeng.com/c/86nSTJvriwj。

原则；遵守和平共处五项原则，即尊重各国主权和领土完整、互不侵犯、互不干涉内政、和平共处、平等互利。我国政府积极推动"一带一路"建设，加强与沿线国家的沟通磋商，推动与沿线国家的务实合作。

倡导合作与互利共赢。"一带一路"倡议基于但不限于古代丝绸之路的范围，各国和国际、地区组织均可参与。"一带一路"倡议坚持和谐包容，倡导、尊重各国发展道路和模式的选择，加强不同文明之间的对话，求同存异、兼容并蓄、和平共处、共生共荣。"一带一路"倡议坚持市场运作，遵循市场规律和国际通行规则，充分发挥市场在资源配置中的决定性作用和各类企业的主体作用，同时发挥好政府的作用。"一带一路"倡议坚持互利共赢，兼顾各方利益和关切，寻求利益契合点和合作最大公约数，体现各方智慧和创意，各施所长，各尽所能，把各方优势和潜力充分发挥出来。

传统全球化由欧洲开辟，由美国发展，并已形成国际秩序中的"西方中心论"。这导致东方从属于西方，农村从属于城市，陆地从属于海洋等不平衡不合理效应出现。"一带一路"倡议鼓励向西开放，带动西部开发及中亚、蒙古等内陆国家和地区的开发，在国际社会推行全球化的包容性发展理念。与此同时，"一带一路"倡议下我国主动向西推广中国优质产能和比较优势产业，将使沿途、沿岸国家首先获益，从而改变历史上中亚等丝绸之路沿途地带只是作为东西方贸易、文化交流的过道而成为发展"洼地"的情况。

三、确立一批重点国际合作项目

根据"一带一路"倡议的经济发展走向，陆上依托国际大通道，以沿线中心城市为支撑，以重点经贸产业园区为合作平台，共同打造新亚欧大陆桥、中蒙俄、中国 – 中亚 – 西亚、中国 – 中南半岛等国际经济合作走廊；海上以重点港口为节点，共同建设通畅、安全性高的运输大通道。

区域基础设施更加完善、安全高效的陆海空通道网络基本形成，互联互通达到新水平；投资贸易便利化水平进一步提升，高标准自由贸易区网络基本形成，经济联系更加紧密；人文交流更加广泛深入，各国人民相知相交、和平友好。

1. "中巴经济走廊"

"中巴经济走廊（2016）中国产能合作友好访问团"活动由巴基斯坦驻华大使馆与中国巴基斯坦友好协会牵头主办，国际绿色经济协会组织承办。同时，由国际绿色经济协会联合"一带一路"大使论坛组委会的主要发起单位（中国国际公共关系协会、中国旅游协会休闲度假分会、中国交通运输协会快运分会、《中国产经》杂志社、新华网、世界旅游画报等机构联合组成），共同启动"一带一路"中巴主题纪录片《巴铁》拍摄工作。

2. 蒙内铁路

肯尼亚是中国"一带一路"倡议在非洲唯一的支点，是新丝路建设中获得中国资金援助最多的国家。蒙内铁路是肯尼亚百年来建设的首条新铁路，是东非铁路网的咽喉，也是实现东非次区域互联互通的重大项目，规划全长 2700 km，预计总造价 250 亿美元。

3. 中匈协议

2015 年，在匈牙利进行正式访问的外交部部长王毅，在布达佩斯同匈牙利外交与对外经济部部长西亚尔托签署了《中华人民共和国政府和匈牙利政府关于共同推进丝绸之路经济带和 21 世纪海上丝绸之路建设的谅解备忘录》。这是中国同欧洲国家签署的第一个此类合作文件。

4. 卫星通信

为保障"一带一路"倡议通信卫星信号无障碍，国内的相关企业和政府机构已经对"一带一路"倡议的卫星发射进行了规划和研究，未来 5 年内，将发射多颗通信卫星，从而在通信领域为"一带一路"铺平道路。

5. 卡拉奇—拉合尔高速公路

2015 年，中国建筑股份有限公司与巴基斯坦国家高速公路管理局正式签署巴基斯坦卡拉奇—拉合尔高速公路（苏库尔—木尔坦段）项目 EPC 总承包合同。卡拉奇—拉合尔高速公路项目为中巴经济走廊最大交通基础设施项目，全长约 1152 km，采用双向六车道设计，设计时速为 120 km/h。

6. 巴基斯坦——卡洛特水电站（2016 年）

2016 年 1 月，在距离巴基斯坦首都伊斯兰堡 50 多千米处的吉拉姆河畔，三峡集团承建的卡洛特水电站主体工程开工。这是丝路基金首个对外投资项目。

7. 印尼——印尼雅万高铁（2016 年）

2016 年 1 月 21 日，印尼雅万高铁开工奠基仪式举行。这将是印尼乃至东南亚地区的首条高铁。

8. 德黑兰—马什哈德高铁（2016 年）

2016 年 2 月 7 日，伊朗总统鲁哈尼周六出席了德黑兰—马什哈德铁路电气化改造项目的开工仪式。该项目将由伊朗基础设施工程集团 MAPNA 和中国中机公司及苏电集团承建。项目全部竣工后，将有 70 辆中国机车以 250 km 的时速在该段铁路上行驶。

从经济地理的视角而言，"一带一路"倡议贯穿亚、欧、非大陆，一边是活跃的东亚经济圈，另一边是发达的欧洲经济圈，其中间的广大腹地国家的经济发展潜力巨大。丝绸之路经济带的重点在于畅通中国经中亚、俄罗斯至欧洲（波罗的海），中国经中亚、西亚至波斯湾、地中海，中国至东南亚、南亚、印度洋的道路。21 世纪海上丝绸之路的重点方向是从中国沿海港口过南海到印度洋，延伸至欧洲；从中国沿海港口过南海到南太平洋。

第二节　"一带一路"倡议的实施

在后金融危机时代，我国作为世界经济增长驱动器，将自身的产能优势、技术与资金优势、经验与经济模式转化为市场与合作优势，提出了"一带一路"倡议。"一带一路"倡议沿线各国资源禀赋各异，经济互补性较强，彼此合作潜力和空间很大。我国政府希望通过"一带一路"建设发展的经验和教训，推动沿线国家间的合作与对话，建立更加平等均衡的新型全球发展伙伴关系，促进世界经济长期稳定增长。以政策沟通、设施联通、贸易畅通、资金融通、民心相通为主要内容，重点领域在加强合作。

一、共建"一带一路"重点领域

加强政策沟通是"一带一路"建设的重要保障。加强政府间合作，积极构建多层次政府间宏观政策沟通交流机制，深化利益融合，有利于促进政治互信，达成合作新共识。

沿线各国可以就经济发展战略和对策进行充分交流对接，共同制定推进区域合作的规划和措施，协商解决合作中的问题，共同为务实合作及大型项目实施提供政策支持。

签署合作框架。我国与部分国家签署了共建"一带一路"合作备忘录，与一些毗邻国家签署了地区合作和边境合作备忘录及经贸合作中长期发展规划，并着手研究编制与一些毗邻国家和地区合作的规划纲要。

推动合作项目建设。加强与沿线有关国家的沟通磋商，在基础设施互联互通、产业投资、资源开发、经贸合作、金融合作、人文交流、生态保护、海上合作等领域推进条件较为成熟的重点合作项目。

我国积极开展亚洲公路网、泛亚铁路网规划和建设，与东北亚、中亚、南亚及东南亚国家开通公路通路 13 条、铁路 8 条。此外，油气管道、跨界桥梁、输电线路、光缆传输系统等基础设施建设也取得成果。这些设施建设为"一带一路"倡议打下牢固的物质基础。

二、完善基础设施投资领域政策措施

推动亚洲基础设施投资银行筹建，发起设立丝路基金，强化中国－欧亚经济合作基金投资功能。推动银行卡清算机构开展跨境清算业务和支付机构开展跨境支付业务。积极推进投资贸易便利化，推进区域通关一体化改革。成立亚洲基础设施投资银行。2013 年 10 月 2 日，国家主席习近平提出筹建倡议，2014 年 10 月 24 日，包括中国、印度、新加坡等在内的 21 个首批意向创始成员国的财长和授权代表在北京签约，共同决定成立亚洲基础设施投资银行。

加强投资贸易合作是"一带一路"建设的重点内容。应着力研究如何解决投资贸易便利化问题，消除投资和贸易壁垒，构建区域内和各国良好的营商环境，积极同沿线国家和地区共同商建自由贸易区，激发释放合作潜力。

投资带动贸易发展。把投资和贸易有机结合起来，以投资带动贸易发展。加快投资便利化进程，消除投资壁垒。就双边投资保护协定、避免双重征税协定加强磋商，保护投资者的合法权益。

拓宽贸易领域，优化贸易结构。挖掘贸易新增长点，促进贸易平衡。创新贸易方式，发展跨境电子商务等新的商业业态。建立健全服务贸易促进体系，巩固和扩大传统贸易，大力发展现代服务贸易。

三、建设方案路线图

加强双边合作，开展多层次、多渠道沟通磋商，推动双边关系全面发展。推动签署合作备忘录或合作规划，建设一批双边合作示范重大工程项目。

（1）建立并完善双边联合工作机制，研究推进"一带一路"建设的实施方案、行动路线图。充分发挥现有联委会、混委会、协委会、指导委员会、管理委员会等双边机制作用，协调推动合作项目实施。

（2）基础设施互联互通是"一带一路"建设的优先领域。在尊重相关国家主权和安全关切的基础上，沿线国家应加强基础设施建设规划、技术标准体系的对接，共同推进国际骨干通道建设，逐步形成连接亚洲各次区域及亚、欧、非之间的基础设施网络。

（3）强化基础设施绿色低碳化建设和运营管理，在建设中充分考虑气候变化影响。推动口岸基础设施建设，畅通区域陆水联运通道，推进港口合作建设，增加海上航线和班次，加强海上物流信息化合作。拓展建立民航全面合作的平台和机制，加快提升航空基础设施水平。

（4）抓住交通基础设施的关键通道、关键节点和重点工程，优先打通缺失路段，畅通瓶颈路段，配套完善的道路安全防护设施和交通管理设施设备，提升道路通达水平。推进建立统一的全程运输协调机制，促进国际通关、换装、多式联运的有机衔接，逐步形成兼容规范的运输规则，实现国际运输便利化。

（5）加强通讯、能源基础设施互联互通合作。加快推进双边跨境光缆等建设，规划建设洲际海底光缆项目，完善空中（卫星）信息通道，扩大信息交流与合作。共同推进跨境光缆等通信干线网络建设，提高国际通信互联互通水平，畅通信息丝绸之路。加强能源基础设施互联互通合作，共同维护输油、输气管道等运输通道安全，推进跨境电力与输电通道建设，积极开展区域电网升级改造合作。

（6）加强供应链的安全与便利化合作。降低非关税壁垒，共同提高技术性贸易措施透明度，提高贸易自由化、便利化水平。沿线国家需加强信息互换、监管互认、执法互助的海关合作，以及检验检疫、认证认可、标准计量、统计信息等方面的双多边合作，推动世界贸易组织《贸易便利化协定》生效和实施。推进跨境监管程序协调，推动检验检疫证书国际互联网核查，开展"经认证的经营者"互认。改善边境口岸通关设施条件，加快边境口岸"单一窗口"建设，降低通关成本，提升通关能力。

（7）加强能源资源深加工技术、装备与工程服务合作。加大煤炭、油气、金属矿产等传统能源资源勘探开发合作，积极推动水电、核电、风电、太阳能等清洁、可再生能源合作，推进能源资源就地就近加工转化合作，形成能源资源合作上下游一体化产业链。加强能源资源深加工技术、装备与工程服务合作。拓展相互投资领域，开展农林牧渔业、农机及农产品生产加工等领域的深度合作，积极推进在海水养殖、远洋渔业、水产品加工、海水淡化、海洋生物制药、海洋工程技术、环保产业和海上旅游等领域的合作。

四、强化多边合作机制的作用

发挥上海合作组织、中国–东盟"10＋1"合作机制、亚太经合组织、亚欧会议、亚洲合作对话、亚信会议、中阿合作论坛、中国–海合会战略对话、大湄公河次区域经济合作、中亚区域经济合作等现有多边合作机制作用，相关国家加强沟通，让更多国家和地区参与"一带一路"建设。

继续发挥沿线各国区域、次区域相关国际论坛、展会及博鳌亚洲论坛作用，如中国–东盟博览会、中国–亚欧博览会、欧亚经济论坛、中国国际投资贸易洽谈会，以及中国–南亚博览会、中国–阿拉伯博览会、中国西部国际博览会、中国–俄罗斯博览会、前海合作论坛等平台的建设性作用。

支持沿线国家地方、民间挖掘"一带一路"历史文化遗产，联合举办专项投资、贸易、文化交流活动，办好丝绸之路（敦煌）国际文化博览会、丝绸之路国际电影节和图书展。

深化中国–东盟银行联合体、上海合作组织银行联合体务实合作，以银团贷款、银行授信等方式开展多边金融合作。支持沿线国家政府和信用等级较高的企业及金融机构在中国境内发行人民币债券。符合条件的中国境内金融机构和企业可以在境外发行人民币债券和外币债券，鼓励在沿线国家使用所筹资金。资金融通是"一带一路"建设的重要支撑。

深化金融合作，推进亚洲货币稳定体系、投融资体系和信用体系建设。扩大沿线国家双边本币互换、结算的范围和规模。推动亚洲债券市场的开放和发展。共同推进亚洲基础设施投资银行、金砖国家开发银行的筹建，有关各方就建立上海合作组织融资机构开展磋商。加快丝路基金组建运营。

加强金融监管合作，推动签署双边监管合作谅解备忘录，逐步在区域内建立高效监管协调机制。完善风险应对和危机处置制度安排，构建区域性金融风险预警系统，形成应对跨境风险和危机处置的交流合作机制。加强征信管理部门、征信机构和评级机构之间的跨境交流与合作。充分发挥丝路基金及各国主权基金的作用，引导商业性股权投资基金和社会资金共同参与"一带一路"重点项目建设。

五、推动区域互动合作和产业集聚发展

推动新兴产业合作，按照优势互补、互利共赢的原则，促进沿线国家加强在新一代信息技术、生物、新能源、新材料等新兴产业领域的深入合作，推动建立创业投资合作机制。

探索投资合作新模式，鼓励合作建设境外经贸合作区、跨境经济合作区等各类产业园区，促进产业集群发展。在投资贸易中突出生态文明理念，加强在生态环境保护、生物多样性保护和气候变化应对方面的合作，共建绿色丝绸之路。优化产业链分工布局，推动上下游产业链和关联产业协同发展，鼓励建立研发、生产和营销体系，提升区域产业配套能力和综合竞争力。扩大服务业相互开放，推动区域服务业加快发展。

充分利用内陆纵深广阔、人力资源丰富、产业基础较好的优势，推动区域互动合作和产业集聚发展。将重庆打造成西部开发开放的重要支撑地，将郑州、武汉、长沙、成都、南昌、合肥等打造成内陆开放型经济高地。加快推动长江中上游地区和俄罗斯伏尔加河沿岸联邦区的合作。建立中欧通道铁路运输、口岸通关协调机制，打造"中欧班列"品牌，建设沟通境内外、连接东中西的运输通道。支持郑州、西安等内陆城市建设航空港、国际陆港，加强内陆口岸与沿海、沿边口岸通关合作，开展跨境贸易电子商务服务试点。优化海关特殊监管区域布局，创新加工贸易模式，深化与沿线国家的产业合作。

国内区域定位：打造丝绸之路国内经济带核心区。根据《推动共建丝绸之路经济带和21世纪海上丝绸之路的愿景与行动》中的区域各地定位：①发挥新疆独特的区位优势和向西开放重要窗口作用，深化与中亚、南亚、西亚等国家交流合作，形成丝绸之路经济带上重要的交通枢纽、商贸物流和文化科教中心，打造丝绸之路经济带核心区；②利用长三角、珠三角、海峡西岸、环渤海等经济区开放程度高、经济实力强、辐射带动作用大的优势，加快推进中国（上海）自由贸易试验区建设，支持福建建设21世纪海上丝绸之路核心区；③充分发挥深圳前海、广州南沙、珠海横琴、福建平潭等开放合作区作用，深化与港澳台合作，打造粤港澳大湾区；④推进浙江海洋经济发展示范区、福建海峡蓝色经济试验区和舟山群岛新区建设，加大海南国际旅游岛开发开放力度；⑤加强上海、天津、宁波、舟山、广州、深圳、湛江、汕头、青岛、烟台、大连、福州、厦门、泉州、海口、三亚等沿海城市港口建设，强化上海、广州等国际枢纽机场功能。

打造国内丝绸之路经济带。国内丝绸之路经济带圈定：新疆、重庆、陕西、甘肃、宁夏、青海、内蒙古、黑龙江、吉林、辽宁、广西、云南、西藏等13个省级行政区。

打造 21 世纪海上丝绸之路。21 世纪海上丝绸之路圈定：上海、福建、广东、浙江、海南等 5 个省级行政区。对沿海诸市的定位是加强沿海城市港口建设，强化国际枢纽机场功能。广西的定位是 21 世纪海上丝绸之路与丝绸之路经济带有机衔接的重要门户。云南的定位是面向南亚、东南亚的辐射中心。对内蒙古、黑龙江、吉林、辽宁、北京的定位是建设向东北亚开放的重要窗口。

2015 年，中国"一带一路"沿线 30 余个城市，在古都开封联合组建"一带一路"城市旅游联盟。该联盟由河南省旅游局和开封市政府发起，有陕西、新疆、甘肃、青海、宁夏、内蒙古、江苏、重庆、上海、浙江、福建、山东、湖北、广东、广西、海南、云南、四川、吉林、黑龙江等"一带一路"沿线地参与。该联盟旨在在旅游发展、节庆活动、旅游品牌培育、旅游市场开发、旅游客源互送、媒体宣传和国际交流等方面开展合作。这将全方位推动"一带一路"沿线城市经济社会发展和文化旅游交流。其间，该联盟还通过了《"一带一路"城市旅游联盟章程》和《"一带一路"城市旅游联盟开封宣言》。

第三节　区域经济合作的发展与展望

深入对接联合国 2030 年可持续发展议程，聚焦各国"碳中和"共识，加强目标间的协同增效。低碳经济发展水平较高的代表性国家都与我国签署了"一带一路"合作文件。各国通过积极开展低碳技术开发与创新合作，在绿色项目、生态保护、能源效率等方面有着广泛且深入的交流。

一、加强拓宽"一带一路"建设"绿色"区域合作的边界

能源结构与资源禀赋是制约"一带一路"沿线国家低碳经济发展水平及速度的关键因素。要积极开展与沿线其他国家的国际能源合作。根据国内能源供需情况和国际能源市场的变化特征和趋势，我国具备快速应对国际能源供应格局变化的能力。与此同时，应推动代表性国家关注区域内新能源项目的共同开发建设，提供能源技术引进支持，拓展国内能源技术的开发与应用空间，开发国际绿色能源合作潜力，提高能源供应能力和使用效率。

沿线国家能源储量充足，但消耗量占比非常高，可再生能源利用率较低。沿线各国在工业生产过程中面临着能源使用效率低下，工业生产过程中碳排放量高等严峻问题。"一带一路"沿线区域疆土辽阔，但生态环境特征差异明显，面临诸多问题，与世界平均水平相比，生态基础相对薄弱。

根据国家信息中心 2018 年发布的《"一带一路"贸易合作大数据报告》，"一带一路"沿线国家人口占全球的 48%。此外，部分地区基础设施建设不完善，依然处于原始的自然条件状态；自然生态承载能力相对薄弱，正面临全球气候变化带来的巨大风险。要基于共建国家低碳发展的不同发展水平与阶段特点，促进沿线国家优

势互补、协同共进。

二、将可持续发展目标的落实纳入绿色丝绸之路建设

（一）减缓气候变化，落实经济适用的清洁能源利用、生物多样性保护的发展目标

将气候变化减缓与经济适用的清洁能源利用、生物多样性保护等可持续发展目标落实纳入绿色丝绸之路建设。对于服务业产业比重较大、单位 GDP 二氧化碳排放量与 GDP 能耗较低，但城镇化水平较低的国家，建议调整产业结构，更多元化发展，将绿色发展纳入国家战略规划之中，推进产业及相关政策变革；对于资源、能源较为丰富，但单位 GDP 二氧化碳排放量与 GDP 能耗较高的国家，建议推进各个领域可持续消费和生产，发展生态产品市场、绿色产品、绿色采购等，改变不合理的资源开发，积极发展清洁能源技术，优化能源消费结构。

开展国家、城市和项目绿色发展试点示范。加强与"一带一路"共建国家在制定低碳和可再生能源战略方面的合作，推动建设绿色、环保及可再生能源示范项目，推广生态保护红线。支持清洁、高效能源基础设施项目，减少对煤电项目的投资；发挥国际组织、专业机构、跨国企业和民间机构作用，吸引社会资本参与"一带一路"绿色低碳发展。针对已经实现碳排放达峰的"一带一路"共建国家，加强绿色转型案例研究和经验推广，如分享低碳经济发展态势较好的我国的低碳发展实践经验。

（二）打造更紧密的绿色、低碳、可持续发展伙伴关系

加强"一带一路"绿色发展国际联盟、"一带一路"生态环保大数据服务平台、"一带一路"绿色投资原则等多边合作平台建设，促进中国与共建国家在绿色低碳的能源项目、生态保护与治理、投融资环境气候管理、绿色标准互识互认等关键领域的政策对话，积极发挥数字经济对于低碳产业的重要促进作用，探索低碳技术的合作与信息共享机制。

在全球碳中和共识的大背景下，结合"一带一路"应对气候变化的"南南合作"计划、"绿色丝路使者"计划等，充分发挥企业等微观主体的积极作用，与共建国家一道，推进全球可持续发展，构建人类命运共同体。

本 章 小 结

"一带一路"的概念是以经济走廊理论、经济带理论、21 世纪的国际合作理论等（包括发展经济学理论、区域合作理论、全球化理论）为理论研究基础。"经济带"概念就是对地区经济合作模式的创新，其中经济走廊——中俄蒙经济走廊、新

亚欧大陆桥、中国－中亚经济走廊、孟中印缅经济走廊、中国－中南半岛经济走廊等，以经济增长极辐射周边，超越了传统发展经济学理论。"一带一路"倡议发扬了古丝绸之路兼容并包的精神，如"一带一路"强调共商、共建、共享原则。从经济规划的角度看，"一带一路"将对标马歇尔计划；从对外援助及"走出去"战略出发，"一带一路"旨在创造21世纪国际合作新模式、新发展机遇。

"低碳经济"的目标就是在保证一定量经济增速的前提下，减少碳排放量，并通过优化产业结构、提高能源使用效率的方式来实现可持续发展。对于"一带一路"沿线国家而言，其中一条主线便是发展社会经济的同时结合低碳可持续发展，这已经达成共识，并形成推动国家低碳经济发展水平提升的基础要素。某些沿线国家正在积极开展气候治理行动，有较为完善的低碳经济发展顶层设计与目标规划。

思 考 题

1. 推进"一带一路"共同建设，我国有哪些比较优势？要如何充分发挥优势？

2. 根据"一带一路"倡议的目标，简述这一目标产生的历史背景。

3. 为什么说"一带一路"需要强化国际区域合作机制？

参 考 文 献

［1］巴泽尔.产权的经济分析［M］.费方城，段毅才，译.上海：上海人民出版社，1997.

［2］伯格斯特罗姆，兰多尔.资源经济学：自然资源与环境政策的经济分析［M］.谢关平，朱方明，译.3 版.北京：中国人民大学出版社，2015.

［3］蔡林海.低碳经济，绿色革命与全球创新竞争大格局［M］.北京：经济科学出版社，2009.

［4］陈飞，诸大建.低碳城市的理论方法与上海实证分析［J］.城市发展研究，2009，16（10）：71－79.

［5］陈小春，谭娟，陈文婕.论低碳消费方式［N］.光明日报理论版，2009－04－21（5）.

［6］崔宇明，常云昆.环境经济外部性的内部化路径比较分析［J］.开发研究，2007（3）：40－43.

［7］低碳经济与公共政策编写组.低碳经济与公共政策［M］.北京：国家行政学院出版社，2013.

［8］方灏，马中.美国 SO_2 排污权交易的实践对我国的启示［J］.南昌大学学报（人文社会科学版），2008（5）：72－76.

［9］冯华.可持续发展理论在中国的思想渊源考察［J］.复旦学报（社会科学版），2002（4）：50－55.

［10］付林，耿克成，江亿，等.热电（冷）联产增量评价法及其经济性分析［J］.热电技术，2006，（2）：5－8.

［11］高维忠.中国生态旅游消费发展障碍与对策研究［J］.消费经济，2003（5）：39－42.

［12］郭炎，陈丽然.行业碳减排成本核算方法与案例［M］.天津：天津大学出版社，2014.

［13］郝俊英，黄桐城.环境资源产权理论综述［J］.经济问题，2004（6）：5－7.

［14］胡胜国.资源环境产权制度研究［J］.中国矿业，2010（S1）：79－83.

［15］金碚.资源与环境经济学学科前沿研究报告［M］.北京：经济管理出版社，2013.

［16］金雪涛，刘祥峰.环境资源负外部性与产权理论的新进展［J］.中国水刊，2007（8）：12－15.

［17］科斯，诺斯，等.财产权利与制度变迁［M］.刘守英，等译，上海：上海三联

书店，1990.

[18] 科斯.企业、市场与法律［M］.盛洪，陈郁，译.上海：格致出版社，2009.

[19] 库恩.科学革命的结构［M］.金吾伦，胡新和，译.北京：北京大学出版社，2003.

[20] 蓝虹.外部性问题、产权明晰与环境保护［J］.经济问题，2004（2）：7－9.

[21] 李博.生态学［M］.北京：高等教育出版社，1999.

[22] 李云燕.基于稀缺性和外部性的环境资源产权分析［J］.现代经济探讨，2008（6）：35－40.

[23] 李左军.低碳发展的逻辑［M］.北京：中国财富出版社，2014.

[24] 厉以宁，傅帅雄，尹俊.经济低碳化［M］.南京：江苏人民出版社，2014.

[25] 刘传庚.中国能源低碳之路［M］.北京：中国经济出版社，2012.

[26] 刘国平.中国低碳发展中的碳排放与福利关系研究［M］.上海：同济大学出版社，2015.

[27] 刘汉元，刘建生.能源革命——改变21世纪［M］.北京：中国言实出版社，2014.

[28] 刘卫东，陆大道，张雷，等.我国低碳经济发展框架与科学基础［M］.北京：商务印书馆，2010.

[29] 吕普生.公共物品属性界定方式分析——对经典界定方式的反思与扩展［J］.学术界，2011（5）：73－78，267－268.

[30] 骆华.低碳经济的经济学分析［J］.现代管理科学，2010（8）：70－72.

[31] 迈尔斯.人的发展与社会指标［M］.北京：社会科学出版社，1995.

[32] 潘家华，庄贵阳，朱守先，等.低碳城市：经济学方法、应用与案例研究［M］.北京：社会科学文献出版社，2012.

[33] 皮尔斯，沃福德.世界无末日——经济学·环境与可持续发展［M］.张世秋，等译.北京：中国财经出版社，1996.

[34] 蒲勇健.可持续发展经济增长方式的数量刻画与指数构造［M］.重庆：重庆大学出版社，1997.

[35] 邱东，宋旭光.可持续发展层次论［J］.经济研究，1999（2）：64－69.

[36] 曲富田.资源与环境经济学［M］.北京：京中国农业出版社，2011.

[37] 宋得勇，卢忠宝.中国低碳发展：理论、路径与政策［M］.北京：中国社会科学出版社，2015.

[38] 苏东水.产业经济学［M］.北京：高等教育出版社，2015.

[39] 孙久文.区域经济学［M］.北京：中国人民大学出版社，2015.

[40] 万薇，张世秋.利用环境政策促进产业优化升级——基于深圳PCB行业的排污权交易制度设计［J］.北京大学学报，2012，48（3）：491－499.

[41] 王凤.公众参与环保机理研究［M］.北京：中国环境科学出版社，2009.

[42] 王建明.消费中资源节约与环境保护行为及其影响机理——理论模型、实证检验和管制政策 [M].北京：中国社会科学出版社，2010.

[43] 王绍武.全球气候变暖与未来发展趋势 [J].第四纪研究，1991（3）：269-276.

[44] 王宇，李季.碳金融：应对气候变化的金融创新机制 [N].中国经济时报，2008-12-19（3）.

[45] 吴刚.低碳经济转型路径探析 [M].西安：陕西人民出版社，2010.

[46] 吴季松.水资源及其管理的研究与应用——以水资源的可持续利用保障可持续发展 [M].北京：中国水利水电出版社，2000.

[47] 吴健.排污权交易 [M].北京：中国人民大学出版社，2005：52-53.

[48] 吴志强，李得华.城市规划原理 [M].北京：中国建筑工业出版社，2016.

[49] 徐玖平.低碳经济引论 [M].北京：科学出版社，2011.

[50] 薛志峰，刘晓华，付林，等.一种评价能源利用方式的新方法 [J].太阳能学报，2006，27（4）：349-352.

[51] 鄢德春.中国低碳金融战略研究 [M].上海：上海财政大学出版社，2014.

[52] 晏路明.人类发展与生存环境 [M].北京：中国环境科学出版社，2001.

[53] 杨文华.可持续发展的制度经济学分析导论 [D].重庆：西南农业大学，1999.

[54] 叶文虎.创建可持续发展的新文明——理论的思考 [M] // 北京大学中国持续发展研究中心.北京大学首次可持续发展讨论会文集：可持续发展之路.北京：北京大学出版社，1994.

[55] 张宏军.环境外部性的计量、矫正及其治理——兼论庇古手段与科斯手段的偏颇 [J].改革与战略，2007（8）：1-4.

[56] 张坤明.可持续发展论 [M].北京：中国环境科学出版社，1997.

[57] 张三，付建华.产权与环境问题 [J].江苏社会科学，2001（3）：14-20.

[58] 张世秋.环境资源配置低效率及自然资本"富聚"现象剖析 [J].中国人口·资源与环境，2007，17（6）：7-12.

[59] 张艳，滕有正.环境保护领域的产权理论 [J].经济问题探索，2002（12）：48-52.

[60] 张永任，左正强.论环境资源产权 [J].绿色经济，2009（4）：62-64，74.

[61] 张宇，卢荻.当代中国经济 [M].北京：中国人民大学出版社，2015.

[62] 赵敏.低碳消费方式实现路径探讨 [J].经济问题研究，2011（2）：33-37.

[63] 郑易生.中国环境与发展评论 [M].北京：中国社会科学文献出版社，2004.

[64] 中国建筑节能协会编.建筑节能技术 [M].北京：现代出版社，2014.

[65] 2050中国能源和碳排放研究课题组.2050中国能源和碳排放报告 [M].北京：科学出版社，2009.

[66] 周宏春.低碳经济学：低碳经济理论与发展路径 [M].北京：机械工业出版

社，2012.

[67] 周小川. 利用金融市场支持节能减排 [J]. 中国金融家，2007（8）：34 - 36.

[68] 朱群芳. 人口、资源与环境经济学概论 [M]. 北京：清华大学出版社，2013.

[69] 诸大建. 生态文明与绿色发展 [M]. 上海：上海人民出版社，2008.

[70] AHMED A M, ANDERSSON L, HAMMARSTEDT M. Can discrimination in the housing market be reduced by increasing the information about the applicants? [J]. Land economics, 2010, 86（1）：79 - 90.

[71] AKIRA H, SHUNSUKE M. Environmental information provision, market valuation, and firm incentives: an empirical study of the Japanese PRTR System [J]. Land economics, 2010, 86（2）：382 - 393.

[72] ALBERTO M, de Vries F P. Carbon trading thickness and market efficiency [J]. Energy economics, 2010, 32（6）：1331 - 1336.

[73] ANDO A W, SHAH P. Demand-side factors in optimal land conservation choice [J]. Resource and energy economics, 2010, 32（2）：203 - 221.

[74] BEINHOCKER E, OPPENHEIM J. Economic opportunities in a low-carbon world [N]. UNFCCC E-Newsletter, 2009.

[75] BLACKMAN A, LAHIRI B, PIZER W, et al. Voluntary environmental regulation in developing countries: Mexico's clean industry program [J]. Journal enviornmental economicsand anagement, 2010, 60（3）：182 - 192 .

[76] CHEUNG S N S. The structure of contract and the theory of non-exclusive resource [J]. Journal of law and economics, 1990, 13（1）：49 - 70.

[77] COONEY C M. Trading plans inject market smarts into pollution control [J]. Environment today, 1995（4）：16 - 17.

[78] DAIGNEAULT A J, MIRANDA M J, SOHNGEN B. Optimal forest management with carbon sequestration credits endogenous fire risk. Land Economics [J], 2010, 86（1）：155 - 172.

[79] DE CANIO S. The efficiency paradox: Bureaucratic and organizational barriers to profitable energy-saving investments [J]. Energy Policy, 1998, 26（5），441 - 454.

[80] DECHEZLEPRÊTRE A, GLACHANT M, HASCIC I, et al. Invention and transfer of climate change mitigation technologies: A global analysis [J]. Review of Environmental Economics and Policy, 2011（5）：109 - 130.

[81] DEMSETZ H. Toward a theory of property rights [J]. American economic review, 1997, 57（2）：61 - 70.

[82] DEVINE-WRIGHT P. Renewable energy and the public: From NIMBY to participation [M]. London: Earthscan, 2010.

[83] EDENHOFER O, KNOPF B, BARKER T, et al. The econ-omics of low stabilization: Model comparison of mitigation strategies and costs [J]. Energy Journal, 2010 (31): 11 −48.

[84] ELLERMAN A, BUCHNER B. Over-allocation or abatement? A preliminary analysis of the EU ETS based on the 2005 − 06 emissions data [J]. Environmental and Resource Economics, 2008 (41): 267 −287.

[85] ELLERMAN D, CONVERY E, DE PERTHUIS C, et al. Pricing carbon: The European Union Emissions Trading Scheme [M]. Cambridge: Cambridge University Press, 2010.

[86] FANKHAUSER S, KENNEDY D, SKEA J. Building a low-carbon economy. The inaugural report of the UK Committee on Climate Change [J]. Environmental Hazards, 2009 (8): 1 −8.

[87] FANKHAUSER S, SEHLLEIER E, STERN N. Climate change, innovation and jobs [J]. Climate Policy, 2008 (8): 421 −429.

[88] GANTEN D, HAINES A, SOUHAMI R. Health co-benefits of policies to tackle climate change [J]. Lancet, 2010, 376 (9755): 1802 −1804.

[89] GOUGH F, ABDALLAH S, JOHNSON V, et al. The distribution of total greenhouse gas emis-sions by households in the UK, and some implications for social policy, Case Paper 152 [M]. London: Centre for the Analy-sis of Social Exclusion, London School of Economics and Political Science, 2011.

[90] GRÜLL G, TASCHINI L. Cap-and-trade properties under different hybrid scheme designs [J]. Journal of Environ-mental Economics and Management, 2011, 61 (1): 107 −118.

[91] KYDLAND F E, PRESCOTT E C. Rules rather than discretion: The inconsistency of optimal plans [J]. Journal of Political Economy, 1977, 85: 473 −491.

[92] LIPP J. Lessons for effective renewable electricity policy from Denmark, Germany and the United Kingdom [J]. Energy Policy, 2007 (35): 5481 −5495.

[93] MARTIN R, MUÛLS M, DE PREUX L, et al. Anatomy of a paradox: Management practices, organizational structure and energy efficiency [J]. Journal of Environmental Economics and Management, 2011, 63 (2): 208 −223.

[94] MCDONALD M. Costs of low-carbon generation technologies, Report for the Committee on Climate Change [M]. London: CCC, 2011.

[95] MEINSHAUSEN M, MEINSHAUSEN N, HARE W, et al. Greenhouse gas emission targets for limiting global warming to 2°C [J]. Nature, 2009, 458: 1158 −1162.

[96] MIRRLEES J, ADAM S, BESLEY T, et al. Tax by design [M]. London: Institute of Fiscal Studies, 2011.

[97] MORRIS J, REILLY J, PALTSEV S. Combining a renewable portfolio standard with a cap-and-trade policy: A general equilibrium analysis [M]. Cambridge, MA: MIT Joint Program on the Science and Policy of Global Change, 2010.

[98] MORSE A. Carbon capture and storage: lessons from the competition for the first UK demonstration, Report by the Comptroller and Auditor General [M]. London: Author, 2012.

[99] NEWBERY D. Why tax energy? Towards a more rational energy policy, Cambridge Working Papers in Econ-omics No. 0508 [M]. Cambridge: Cambridge University Press, 2005.

[100] NICHOLAS S. The economics of climate change: The stern review [M]. Cambridge: Cambridge University Press, 2007: 63 - 64.

[101] NORDHAUS W D. Carbon taxes to move forward fiscal sustainability [J]. The Economists' Voice, 2010, 7 (3).

[102] SOLOMON S, QIN D, MANNING M, et al. Contribution of working group I to the fourth assessment report of the intergovernmental panel on climate change [M]. Cambridge and New York: Cambridge University Press, 2007.

[103] TOWNSHEND T, FANKHAUSER S, MATTHEWS A, et al. Legislating climate change at the national level [J]. Environment, 2011, 53 (5): 5 - 16.

[104] UNGER T, AHLGREN E. Impacts of a common green certificate market on electricity and CO_2 emission markets in the Nordic countries [J]. Energy Policy, 2005, 33: 2152 - 2163.

[105] VINE E, HAMRIN J. Energy savings certificates: A market-based tool for reducing greenhouse gas emis-sions [J]. Energy Policy, 2008 (36): 467 - 476.

[106] ZENGHELIS D. A macro-economic plan for a green recovery, Policy Brief [D]. London: Grantham Research Institute on Climate Change and the Environment, London School of Economics and Political Science, 2011.

致　　谢

　　本书得以出版，首先，要感谢中山大学地球环境与地球资源研究中心主任、我的博士后导师周永章教授。周教授具有国际视野和前瞻性思维，他长期在低碳科学与产业技术理论与应用综合性领域的坚守与成就对我产生了深刻的影响。其次，我要真心地感谢广州新华学院（原中山大学新华学院）各级领导、相关专家与同行们对我工作无微不至的关心、鞭策和鼓励；感谢清华大学、中国地质大学、中山大学、中国宏观经济研究院、中国科学院地理科学与资源研究所及广东省社会科学院的有关老师、专家和同行们给我提供的支持和帮助。最后，我由衷感谢中山大学出版社各位老师的精心工作和辛勤付出。感恩一切所遇和伟大的时代，希望未来能为低碳经济和可持续发展研究出版更多、更好的作品。

后　记

本书付梓之际，回溯本书选题确立和实施的过程，我深感治学之道的艰辛。然而，能够为实现自己的目标进行长期的坚守和努力付出，又何尝不是一件非常惬意的事情。在 8 年多的大学教学生涯中，我在低碳经济、环境经济和可持续发展规划领域的教学、跨学科科研工作不断深入，结合科研成果和教学教育工作，确定了这次图书出版计划。为此，我对相关的科研机构、学术团体、学术期刊等 100 多家单位/网站进行长期跟踪、了解和学习。与此同时，这也促使我有机会比较系统地对一些低碳经济前沿性的交叉学科问题进行思考和总结。但我对于这个关乎人类世界可持续发展的千秋大业问题，始终心存敬畏，满怀期待。

时遇世界范围内正经历一场低碳发展理念的重大变革，经济社会领域正在发生深刻的变化。本书旨在围绕应对世界气候变化下的可持续发展，研究各种经济政策、能源环境、管理技术和发展理念，以及各种生态化生产、消费、运营、生活模式低碳化实现路径。通过研究和借鉴国内外低碳化创新机制、发展逻辑的路径，解析低碳经济的技术、概念及方法，阐明我国选择低碳可持续发展道路的历史必然性。低碳可持续发展范式是关系到实现我国经济增长方式转变的重大抉择。

本书从论述世界低碳经济格局与发展形成规制出发，提出我国节能减排是以"碳中和"为发展目标，全面有效应对各种自然灾害和风险，走向低碳可持续发展道路的战略选择。限于时间和篇幅，本书仍有许多值得完善、充实或商榷之处。期待各位有识之士不吝赐教，提出宝贵的意见与建议！